目標を最短・最速で達成する

プロセス思考

大川原文明
OKAWARA FUMIAKI

幻冬舎 MC

はじめに

この本を手に取ってくれた学生であれば、卒業後になりたい職業や入社したい企業があったり、結婚やマイホーム購入のプランを思い描いていたりなど、漠然とではあっても自身が目標とする将来像があるのではないかと思います。しかし、実際のところすべての人がそういった目標を叶えられるわけではありません。

目標を達成するには、まず達成するための計画を立てて、「この能力を磨く」「これだけのお金が必要」といった数々の課題をクリアしていかなければなりません。ところが、残念ながら学生のなかには解決方法が分からなかったり、そもそも課題を見つけることができなかったりして、最終的に目標を達成できないまま諦めてしまう人が少なくありません。

私は企業の業務改革を進めるコンサルタントとして、これまで100社以上に対して目標達成に向けたサポートを行っています。また、広島県立大学（現・県立広島大学）や慶應義塾大学大学院で、経営情報学やシステムデザインとマネジメントの講師として招聘されました。そこで私が学生たちに講義しているのが本書のタイトルにもなっている「プロセス思考」です。

プロセス思考とは、行動（Behavior）をプロセス単位でとらえて、発生事象（Event）との因果関係を考えながら、その連鎖（Chain）のなかから無駄やミスを発生させる原因を突き止め問題解決の最適解を導きだす思考法であり、一般的には企業の業務改革活動で活用されています。学生に企業における業務改革の考え方を話してもあまり活かされないのではと思うかもしれませんが、プロセス思考は企業活動だけに限らず、学生生活の基本プロセスである部活動、サークル活動、趣味、アルバイト、恋愛、就職活動などの目標達成を目指す際にも応用できるため、学生のうちに身につけてしまえば生涯にわたり強力な武器になり得るのです。日本ではまだまだ浸透しているとはいえませんが、欧米では大学の基礎講義として、一部の国では小学校から学校教育に広く取り入れられるなど、グローバルスタンダードな思考法として世界の常識となっています。

目標を明確に描く、自分の現在地を知る、数値目標と期限を設定する、分析とシミュレーションを繰り返すなどのステップを踏んでいくことで、無駄なプロセスを徹底的に省いて必要最低限の手順のみで目標を達成することができるのです。

本書では、プロセス思考とは何か、実際にどのように活用して目標を達成していけばいいのかを段階的に解説しています。必要なプロセスを導きだし、日々の行動へと落とし込んでいく思考が習慣化すれば、常に最短の時間で目標達成に近づけるようになります。本書の内容を実践することで、これまで目標に対して具体的なプロセスや課題が見えていなかった人でも達成に向けて自信が芽生えてくるはずです。

本書が一人でも多くの若者の悩みに寄り添い、将来に向けた目標達成の一助となることを心から願っています。

目標を最短・最速で達成するプロセス思考　目次

［第3章］徹底的に無駄を省き、一つひとつの行動に価値を生みだす

［第1章］

目標を立てても達成までに時間がかかる、最終的に達成できずに終わってしまう理由

目標を叶える方法が分からないと、将来への不安が高まる

人生最大の自由時間ともいわれる大学時代に、お金を貯めて世界一周旅行をしたい、サークルの全国大会で優勝したい、就職に有利な資格を取得したいなど、多くの学生は何か目標をもっています。立てた目標を達成するには、まず達成するための計画を立てて、「この能力を磨く」「これだけのお金が必要」といった数々の課題をクリアしていかなければなりません。ところが、残念ながら学生のなかにはなかなかその課題をクリアできなかったり、計画どおりにうまく進まず立ち止まってしまったりして、最終的に目標を達成できないまま諦めてしまう人が少なくありません。

私は大学の講師として学生たちと接してきましたが、目標は立てたものの具体的なアクションを起こせぬまま悶々として過ごし、いつまで経っても目標に到達しないという学生をたくさん見てきました。私にも経験がありますが大学時代というのは長いようで短いもので、やるべきことを先延ばしにしているとあっという間に時が過ぎ去ります。目標の達成方法が分からぬままにひとまず授業を受け、学校が終われば何となく部活やアルバイト

をして、何も考えず流れのままに生活していると、気づけば社会人デビューがすぐそこまで迫っています。就職活動が始まり、卒業論文も書かねばならず、大学時代に達成したい目標を達成するための時間はどんどん少なくなっていき、結局そのまま達成できずに卒業を迎えてしまうのです。

なぜ目標を達成できないのか

目標をもつのが大切ということは多くの人が理解しているでしょうが、そこから一歩踏み込んで、目標を叶えるために最適な行動を積み重ねていくことが重要であるというところまで理解し、実践している人は稀です。すなわち、目標をもつことと、それを叶えるために行動することの間には深く大きな溝が存在しているのです。

「成功者と凡人の違いは、能力の差より、できると考え、行動に移せるか」だといわれますが、それが難しいからこそ短期間の目標すらもすぐにあいまいになって達成できない人がたくさんいるわけです。

目標達成を阻む理由として、以下の5つがあります。

①目標自体があいまい

モテたい、お金持ちになりたい、幸せな家庭を築きたいなど漠然とした目標を立てることは決して悪いことではありません。しかし、モテるとはどういうことなのか、お金持ちとはどんな人なのか、どんな家庭が幸せなのかが自分のなかで具体的にイメージできていないと、その目標はあいまいな目標となってしまいます。

ダイエットを例にとるなら、今年中に痩せたいという目標では具体性に欠けます。どれほどの期間で何キロ体重を減らすのかは最低限決めておかねば、そこに至る道筋を描けませんから、結果として何もしないままに時が過ぎていくケースがほとんどです。

まずは、8月までに6キロ落とすなどと明確な目標を立てることが第一歩であり、それが定まって初めてその実現のために日々何をすべきかという具体的な行動が明確になります。単純に、食事を抜けば痩せられるのでいつでもできる、目標なんて必要ないなどと考えるのは、大きな間違いなのです。

②具体的な計画がない

目標が明確であっても、それだけでは不十分です。目標を叶えるための行動が三日坊主で終わりがちな人は多くの場合、計画に具体性がありません。

先ほどのダイエットの例では、一口に痩せるといっても、その手法は多岐にわたります。大きくは運動をするか、食事制限をするか、その両方をバランス良く行うかという選択になるでしょうが、運動をするならどのような種類をどれだけやるのか、食事制限なら何をどのように摂取するのを抑えるのかというように、定めるべき内容は数多くあります。

それらがあいまいなまま、気が向いたときに運動をしたり食事を減らしたりするだけではうまくいかないことがほとんどです。こうした行き当たりばったりのやり方で仮に多少、体重が落ちたとしても、あっという間にリバウンドして時間や労力が無駄になる可能性もあります。もっと効率的、かつ持続的なやり方をするには、具体的な計画が必要です。

③具体的な指標がない

具体的な目標と計画ができれば、あとはそれを実践するだけですが、特に計画が中長期にわたるような場合には、途中で諦めてしまう人がよくいます。その大きな理由の一つとして、目標達成にどれほど近づいているかを測る指標をもっていないことが挙げられます。

人は自らの努力がどれほど形になっているのかを知りたいものであり、その点があいまいなままだと、モチベーションはなかなか持続しません。ダイエットであれば、基本的には運動した分や食事制限をした分だけ体重が落ちていきますが、それをまったく測定せぬまま進めていくことはないはずです。例えば3カ月後の8月までに6キロ落とすと決めたなら、1カ月に2キロ、週にだいたい500グラム減らしていくというように、ある程度中間的な指標を設け、その達成を目指すというのが王道だと思います。

これはあらゆる物事に当てはまり、その時々で細かく指標を定め、成果をできる限り具体的に把握していくというのが長続きの秘訣です。

④たくさんの目標をもち過ぎる

大学生活を充実させるべく、たくさんの物事に並行して取り組んでいる人は多いと思います。勉強、部活、アルバイト、趣味といったすべてに対し、目標を掲げて全力で取り組むというのは確かにすばらしいことですが、達成したい目標がたくさんあり過ぎると自分の興味関心が分散してしまい、目標を達成しづらくなります。いろいろなことに手を出し過ぎた結果、全部が中途半端になるというのは私にも経験があります。

1日という限られた時間のなかで、できることには限度があります。それをしっかりと認識したうえで目標に優先順位をつけ、優先度の低いものは辞めるか、後回しにするというのが大切です。目標達成のハードルが高い物事ほど、多大な時間と労力を必要とします。時にはたった一つの目標を叶えるべく、ほかのあらゆることを後回しにする必要がある場合も出てくるかもしれません。器用貧乏にならぬよう、目標の数はある程度絞るべきなのです。

⑤目標を忘れてしまう

年頭に立てた目標を1年間覚えているような人は、おそらく10％もいないのではないかと思います。忘れてしまうのは、決意が足りないからにほかならず、目標を忘れてしまう程度の気持ちで臨んでいるなら、目標達成など夢のまた夢です。

必ずやり遂げよう、人生を変えようと覚悟を決めて始めた物事であれば、簡単に忘れるようなことなどないはずです。そこまでの思いがないとすると、忙しい日々に忙殺されて目標などすぐに忘れてしまいかねません。

こうしたさまざまな理由が、目標達成の壁となって私たちの前に立ちはだかります。壁を越える方法を探るには、そもそも目標とは何なのか、まずはその本質を知っておく必要があります。

より高いパフォーマンスを発揮するための目標設定の原則

目標についての研究として有名なものに、「目標設定理論」があります。

アメリカのエドウィン・ロックとカナダのゲイリー・レイサムという二人の心理学者により提唱された理論で「動機付けに重要な役割を果たすものが目標である」という仮説のもとで、いくつかの研究を行って導きだされました。

そもそも目的とは、その字にも使われているように「目」で見える「的」のことであり、最終的に達成したいことを指します。一方で、目標とは、「目」で見える「標」です。目で見たときに的に近づいているかの「標」となるものを指します。つまり、目標は目的があって初めて生まれるものであり、目的のない目標は存在できません。また、目的だけあって目標がないことも、達成までの数値がないことになるためこちらもまた不十分です。目的と目標は常にセットであるべきなのです。そして、この理論では「目標遂行のためには目的設定が不可欠であり、具体的でしかも困難な目標を掲げている人のほうが、ただ頑張ろうとしている人よりもパフォーマンスを発揮する可能性が高い」とも述べられています。

また、目標をより効果的に設定するための原則として、次の5つが挙げられています。

●目標の明確化（Clarity）

目標は具体的かつ明確でなければなりません。ただ何かを頑張るというより、期限や数値といった目標をはっきりと定めているほうが、モチベーションは上がり、達成のために努力できます。

●困難度（Challenge）

目標があまりに低ければ、退屈に感じてやる気が出ない可能性がありますし、達成した際の満足度も当然のことながらありません。目標は自らの意欲や集中力が持続するような、適度に困難なものである必要があります。

●積極性（Commitment）

他者が設定した目標を押し付けられているような状態では、なかなかモチベーションは上がりません。目標はあくまで自らの考えのもとに、自発的に設定したほうがより積極的に取り組むことができ、その過程も楽しめます。

●フィードバック（Feedback）

目標設定理論において最も重要な要素とされています。目標を定めたらあとはひたすらそれを目指すのではなく、定期的に振り返り、順調に進んでいるかを検証したり、他者の意見を聞いたりしてフィードバックを行うことが大切です。

●タスクの複雑性（Task complexity）

タスク全体が複雑過ぎると、どこから手をつけていいか分からなくなってしまいます。大きな目標はできるだけ小さく単純な目標に分け、一つひとつ着実に達成することで最終目標の達成につながるようなやり方をすべきです。

このような原則と合致するような質の高い目標をうまく設定できると、やる気が向上し、自尊心や自信まで高まってきます。このやる気や自尊心の高まりは、行動の指針が定まり、自分が何をすべきか明確になることから得られるものです。

また脳科学の世界では、正しい目標を目指す過程において脳内でドーパミンという脳内物質が分泌され、モチベーションが高まるとされています。ドーパミンは快感や多幸感を得たり、意欲をつくったり感じたりするといった機能を担う脳内ホルモンの一つです。目標に向かって努力する過程ですでにドーパミンの分泌が始まり、さらには設定した目標を達成するとより分泌されて、それが次のモチベーションへとつながるという好循環が生まれます。

夢はそのままなら一生叶わない

目標について説明するうえで比較したいのが、よく似たニュアンスをもつ「夢」という言葉です。

実は、夢と目標の間には明確な差があります。夢はそう簡単に実現できるものではなく、今の自分にとっては非現実的な出来事を指します。それに対し目標は、期限や数値を伴う現実的な出来事です。

例えば、小学生がプロ野球選手になるというのは夢ですが、甲子園で活躍した投手がプロを目指すのは目標であり、その実現のために野球部の強い大学に進学したり、プロテストを受けたりといった具体的な行動を続けていくことになります。

いつか大きな家に住みたいと夢を抱いたとして、それを目標へと変え、現実に近づけるには、どれくらいの大きさの家をどの地域に建てるか、そのためにはどれくらいのお金をいつまでに貯めるかといった計画をつくったうえで、実行していく必要があります。

この夢と目標の差は、大きな意味をもっています。夢はほとんどの場合、一生夢のままで終わってしまいます。もし本気で夢を叶えたいなら、それを目標に落とし込み、達成に向けた具体的な行動を日々、積み重ねていくというのが大切なのです。

たとえどれほど大きな夢であっても、目標として日々の行動に落とし込めたなら、それが叶う可能性は高まります。ただし、達成までに多くの時間を要する場合、モチベーションをいかに持続していくかが鍵となります。大きな目標は、できるだけ小さな目標に切り分けて、成功体験を積み上げることでモチベーションが維持しやすくなります。

また、親から言われた目標や、友達に合わせて決めた目標というのは、それが自らの望むものとマッチしていればいいのですが、そうでないならいつかモチベーションが下がり、挫折してしまいかねません。

目標設定にあたっては、果たしてそれが本当に自分のやりたいことなのか、じっくりと考えてほしいと思います。自分のやりたいことがよく分からない場合には、少なくとも立てた目標が現在の自分の興味関心の延長上にあるかどうかは検討すべきです。

やりたいことが明確でも、最初からいきなり高過ぎる目標を設定してしまうと、挫折する可能性が高くなります。高い目標をもつこと自体はまったく悪いことではないのですが、それが現在の自分とあまりにかけ離れたものだと、いずれモチベーションの維持が難しくなるタイミングが出てきます。挫折のたびに自信を失い、いずれ投げだすことは目に見えています。

理想としては、自分の能力や得意なことの延長上に目標を設定するのがいいと思います。

目標の達成に重要な役割を担うのが、信念（ポリシー）です。自分はなぜその目標を達成したいのかという信念が明確であるほど、モチベーションを持続しやすいといえます。

ダイエットをするとして、3カ月で6キロ痩せるという目標を立てたとします。そのために、週に500グラムずつ体重を落とせるようなプランを組み、実行に移していくつもりでした。しかしいざトライしてみると、授業やアルバイトで忙しいなかでさらに運動や食事制限を行うということが、なかなかきついと分かりました。

そうした際にダイエットの目的がないなら、そこまで無理をして6キロ落とす必要はないだろうと考え、手を抜いたり諦めたりしてしまいます。しかし、例えば夏に好きな相手と海に行く約束をしたので、それまでに少しでもかっこいい身体をつくるという信念があれば、つらい過程を乗り越えられる原動力となるはずです。

充実した人生を送るカギは学生のうちに目標達成の経験を積むこと

人生において正しい目標を掲げ、達成のために努力していくと得られるものは多くあります。

●人生が豊かになる

やりたいことが何もないまま漫然と日々を生きるよりも、何かしらの目標をもって暮らしていくほうが、人生が豊かになります。人生の大きな目標を目指し、段階的に小さな目標をクリアしていくなかで達成感を味わうことができます。些細なことであっても成功体験を積み重ねていけばモチベーションを維持しやすくなり、生活にも張り合いが出て、日々がより充実します。目標に向かって努力したり、新たなことにチャレンジしたりするなかで自己肯定感が高まり、次第に気持ちがポジティブになっていくはずです。時に失敗もするでしょうが、それを糧にして自らが成長し、結果として周囲からの評価が高まる可能性もあります。例えば仕事なら、目標を叶えるほどに実力が上がり、それが地位や給料へとつながっていきます。

●不安や迷いが減る

人生に何も目標がなければ、果たして自分の生き方はこれでいいのか、この先どのように生きていけばいいか、将来に不安を覚えることが多くあります。しかし目標が定まっていれば、その達成のために今自分がやるべき物事が明確になるため、迷いが減ります。また目標を達成する成功体験を積むほど、自らの行動や決断に自信が出てきて、将来への不安も少なくなっていきます。

●時間やお金の使い方が変わる

行き当たりばったりで何となく生きていると、あとから考えればさして重要でない物事に時間を費やしたり、さほど役に立たないものにお金を使ったりしがちです。こうして時間やお金という大切な資産を浪費してばかりだと、いずれ必ず苦労するときがやってきます。人生の目標があれば、その達成のため計画的に時間やお金を投資することができるようになります。将来のために効率的に資産を使うほど、未来はより豊かになります。

そして努力が実り目標を達成できた経験は、長い人生のなかにおける悩みや不安の処方箋となります。

たとえ小さな目標であっても、日常的に達成を繰り返しているほど自分に自信がついてきます。将来は見えないにせよ、これまでも着実に目標を叶えてきたのだから今後も同じように歩んでいけるだろうと思えるものです。

逆にいうと、目標を叶える方法がよく分かっていない状態で盲目的に動き回っていてもその達成は難しく、成功体験を積むこともできません。学生時代に目標達成の経験がないと、結果として就職活動や社会人デビューといった未知の経験を前に、悩みや不安で心が押しつぶされそうになり、途方に暮れてしまいます。

自由な時間が比較的多い学生時代は、自ら目標を立ててそれを達成するという経験を積むのに最適なタイミングです。目標を達成するほどなりたい自分に近づけますし、そこで効率的な目標達成の方法を体得することができたなら将来にわたって強力な武器となります。人生においても、目標を立ててそれに向かって進んでいくという行為は、幸せな一生を送るうえで欠かせないものです。

いかに楽をして目標を達成するか

人生において目標が必要であると考え、たまたま同じ目標を抱いた人がいるとします。

しかしその達成の速度には差ができるのが通常です。

ある人が1年間で達成した目標を、自分が同じようにクリアできるかは分かりません。ただ一ついえるのは、目標はできるだけ早く達成したほうが、より先に進めるということです。

そこで意識したいのが、生産性です。ここでいう生産性とは、自らが投入した時間と労力に対し、得られた成果の割合という意味を指します。

例えばアルバイト先で、仕事の速い人と遅い人がいると思います。同じ作業を1時間したときに、より生産性の高い人のほうが仕事が速いと称されます。アルバイトのように比較的単純な作業で生まれるこの差は、個人の能力の問題というよりも、仕事の仕方に関わる部分が大きいです。生産性が高い人は、ただ目の前の作業を機械的にこなしていくのではなく、最初からゴールを見据え、全体の流れを考えたうえで最も効率の良いやり方を選択しています。

論文を書くため図書館で調べ物をするときに、その時々で必要になる本をいちいち本棚に探しに行くようなやり方は、効率的とはいえません。論文を通じて発信したいことは何か、それをより効果的に見せるためのデータはどんなものかというのをあらかじめ想定し、一度でできるだけ多くの資料や本を集めてくるほうがより効率的なやり方です。

これを生産性という観点でいうと、必要になるであろう資料や本を予測し、一度にまとめてそろえることで、本棚への往復でかかる時間と労力を削減し、生産性を高めているわけです。

あえて分かりやすい言葉を用いるなら、生産性を意識するというのは、できるだけ楽をして成果を上げる方法を考えることにほかなりません。人は楽を求める生き物ですので、とにかく楽をして目標を達成したいと考える人が大多数を占めるのではないかと思います。

思い返せば、私も小学生からずっと楽を追い求めてきました。勉強をするときにも、少しでも楽な覚え方はないかと考え、最小限の時間で合格点を取るのを目指してきました。1つ覚えれば10個、100個に通用する公式を身につけるのに喜びを覚えました。このような性格が、業務の効率化をサポートするという今の仕事につながっていると感じます。

勉強、アルバイト、部活やサークル、恋愛など何かと忙しい大学時代だからこそ、できるだけ楽をして目標を達成し、成果を上げていくことが、人生に一度しかない若き青春の日々を謳歌するポイントといえます。

あらゆる人生の目標達成に効く「型」がある

では、できるだけ楽をして目標を達成していくにはどうすればいいかというと、その基本となる型を知ることが第一歩となります。

実は、人生のあらゆる目標の達成を目指す際に活用できる型が存在しています。これは数学でいう公式に当たるもので、そこに当てはめて考えるだけで自然と答えを導くことができます。

この型こそが、プロセス思考です。

日本においては、プロセス思考という単語はそれなりに認知されていますが、その実態を知り、人生に活用している人はまだまだ少ないと感じます。しかし海外では、プロセス思考は義務教育の段階から教わる基本的な考え方の一つであり、誰もが当たり前のようにプロセス思考で物事をとらえています。実際に私も海外へ渡り、現地の人と日本人との考え方の違いを痛感しました。これはいわば、人生の目標を叶えるための型を知らずにあがいている日本人を横目に、海外の人々はさっと最適解を導いてどんどん前に進んでいる状態であり、大きなハンデといわざるを得ません。

私がプロセス思考について説明する際によく取り上げるのが「守破離《しゅはり》」という言葉です。ネットで検索すると「日本の茶道や武道などの芸道・芸術における師弟関係の在り方」とあり、修業における各段階を表します。「守」は、師や流派の教え、型、技を忠実に守り、確実に身につける段階です。「破」では、ほかの師や流派の教えについても考え、良いものを取り入れ、心技を発展させます。そして「離」は、一つの流派から離れ、独自の新しいものを生みだし確立させる境地を指します。

プロ野球で例えるなら、元メジャーリーガーのイチロー選手は、振り子打法という独特のバッティングフォームでヒットを量産していきました。自分が最もパフォーマンスを発揮できる打法は何なのかと常に発展を追い求める「破」を経て、世界でほかに類を見ない個性的なフォームで結果を出し続けられたのは、「離」の境地にたどり着いたからにほかなりません。そしてこの個性が生まれる土台となっているのが、何百万回もの素振りやとてつもない距離の走り込みといった「守」の部分です。

プロセス思考は、人生の目標を達成するために必要な守であり、基本の型です。プロセス思考を理解し、習慣的に使いこなすことで、自然とあらゆる目標を最短・最速で達成できるようになっていくのです。

ちなみに、私が30代後半頃の仕事の信念は、「3日分の仕事を1日でやって、（お客様に）5日分の満足を与える」ことでした。当時はまだプロセス思考を知らなかったのですが、もしプロセス思考を知っていたら、「3日分の仕事を1日でやって、10日分の満足を与える」ことができていたかなと思っています。時間は大切ですが、限られた時間で大きな成果（価値）を生みだすことが、本質です。それができるようになれば当然単価が上がりますから、収入も増え、余裕もでき、その余裕を活かしてさらに成長できれば、最高の人生の連鎖になります。そして、プロセス思考はその原動力となる思考法なのです。

［第2章］

目標達成を最短・最速で実現する「プロセス思考」とは

そもそもプロセスとは何か

プロセスという単語を辞書でひくと、「仕事を進める方法、手順」「作業の過程、経過」と記載されています。世間一般でも、プロセス＝手順というような意味でとらえている人がほとんどではないかと感じます。

しかしプロセス思考の主体となるプロセスは、単なる手順を指す言葉ではありません。本書ではプロセスを、「価値を生みだす単位」と定義します。より具体的にいうなら、入力に対し価値を付加して出力するまでの一連の流れが、プロセスです。

例えば料理とは食材に調理という手間を加え、食事というプロセスに引き継ぐ価値ある一皿に仕上げるプロセスといえます。料理の目的は食べる価値のある一皿を生みだすことにあり、食材をどのように切り、どう加工するかといった調理という手順はあくまで手段（工程）にすぎないのです。

掃除なら汚れた部屋をきれいにし、整理整頓してより過ごしやすい空間へ変えるプロセスです。汚れをどう落とすか、どこに何をしまうかという手順は、過ごしやすい空間にするための手段（手順）でしかありません。

旅行をする際にまず定めるべきは、目的地です。飛行機で行くか、新幹線か、車かといった到達（移動）の手段については、目的地があってこそ選択できるものであり、その意味で旅行の最初のプロセスは、目的地へ行くという価値を生みだすこととも言い換えられます。

大学の授業でも、教授たちの解説をノートにメモするとき、自らが重要であると思う部分を中心に書くと思います。これは与えられた情報をインプット（入力）し、脳で考え、なかでも価値のあるものをノートへと出力する一連のプロセスです。

普段は意識することのない呼吸も、空気を活動のエネルギーへと変えるプロセスといえます。私たちの身体は、空気を取り込み、肺で酸素を取り込んで二酸化炭素を体外へと吐き出すという手段（手順）でそれを実現しています。

このようにして、私たちは無意識に、日常生活のなかでプロセスと向き合っています。そして、世の中のあらゆる物事はプロセスとその連鎖でできているといえるのです。

プロセスと手順の違いが理解できると、プロセス思考の入り口に立つことができます。

物事の効率を追求する「プロセス思考」

このようなプロセスに着目して物事を考えていくのが、プロセス思考です。多くの人は、物事の結果にばかり目を奪われがちで、そこに至るまでのプロセスにはあまり注意を払いません。しかし実は、プロセスこそが最短・最速で目標を達成するための鍵となるものです。

例えば社会人になってから、取引先との会食があり、翌日にお礼のメールを送るという業務ができたとします。結果だけに着目するなら、一日のなかのどこかのタイミングでメールを送れば、その業務は完了したといえます。しかしプロセス思考では、メールを送るまでの一連の流れに注目します。

①名刺を探し、顧客のメールアドレスを登録する
②メール本文を一から考えて入力する
③おかしな文章がないか見直したうえで、送信する

このような流れは、一見するとおかしなところがないと思えるかもしれませんが、そう感じた時点でプロセス思考が身についていないことになります。プロセス思考が身についている人なら、メールを送るまでの一連の流れが、例えば次のようなものに変化します。

①すでに登録してあるメールアドレスを呼び出す
②あらかじめ用意してあったメール本文のひな型を活用し本文を作る
③自分で付け足した文だけ見直し、送信する

前者と比べると、圧倒的に作業効率が上がっているのが見て取れるはずです。お礼のメールを送ることが一つの目標であるとするなら、より効率的にそれを実現したのが後者です。このようにプロセス自体に注意を払い、常に効率を考えていくことがプロセス思考なのです。

なお、「定型文では心がこもっていないように見える」「ＳＮＳでつながれる相手なら、

そのほうがやり取りが早い」といったような個別の価値観や判断は、いったんおいておきます。

もちろんプロセスの価値をいかに発揮するかを考え、他人と差別化するかは大切です。しかし、それはプロセスを正しく理解してからであり、もう少し「守破離」の「守」の理解を深める必要があります。ここで着目したいのはあくまでプロセスそのものであり、作業の効率化です。

目的をできる限り明確にする

プロセス思考がいかなるものか、もう少し詳しく解説するために、先ほどのダイエットを例にとりたいと思います。

ダイエットの目的は今よりも痩せることであり、プロセス思考ではいかにそれを効率的に達成するかを考えます。ただ痩せたいというあいまいな目的では、プロセス思考は機能しません。あいまいな物事に対しては、明確なプロセスが描けないからです。3カ月で6キロ痩せるというように、期限と数値を入れ込んだ具体的な目標を定めることが、そこに至る最適なプロセスを導くうえで最も大切です。

さらに細かくいうと、3カ月で6キロ痩せるにしても、どのような体型を目指すかによってプロセスに違いが出ます。例えばボクサーが減量するなら、ボクシングに使う筋肉は維持しつつ脂肪やそのほかの筋肉を削る必要があります。水泳選手であれば、水に浮きやすい脂肪をある程度残したまま、身体を絞らねばなりません。

容姿を保つための一般的なダイエットにせよ、20代と50代では代謝がまったく異なりますから、当然ながらアプローチも変わってきます。したがって、ダイエットを考えるにあたってはまず自分が何のために、どのように痩せたいのかといった目的をできる限りはっきりとさせておくというのが、プロセス思考の第一歩といえます。

ここでは仮に20歳の男性であるAさんが、夏に女性と海にデートに行った際、水着を着ても恥ずかしくない自分の体形を目指すとして、話を進めていきます。ダイエットのやり方は、基本的には運動をするか、食事制限をするかしかありません。極端な話、食事をほとんど取らなければ身体はどんどん痩せていきますが、それでは日常生活に差し支えが出てしまいます。

Ａさんはあくまで健康を保ったまま痩せていくという前提でダイエットを行うことにしました。健康的に痩せるなら、運動と食事制限をバランス良く実行するのが理想です。したがって、これまでの生活に運動と食事制限という新たなプロセスを導入することに決めました。

続いては、より具体的なプロセスの検討に入ります。Ａさんはこれまでダイエットをした経験がなく、何をどうすればどれだけ痩せるのかが分かりません。それを試行錯誤するほどの時間は残っていないと判断し、運動はジムに通ってトレーナーのアドバイスを受け、食事制限は友人である栄養士の卵に知恵を借りることにしました。

トレーナーと友人の三者で目標を共有し、話し合ったうえで、1週間のスケジュールを組み立てました。ジムには週2回通い、上半身と下半身をバランス良く鍛えるプログラムを組みました。食事制限は、基本的には糖質を制限し、サプリメントを取り入れて栄養を補うこととしました。ダイエット以外に、授業やアルバイトもこなさねばなりませんから、Ａさん自身のスケジュール管理も重要になります。こうして、いつ、何を、どのように行うかが定まれば、あとは実行に移していくだけです。

ただし、すべてが計画どおりに進むわけではありません。思いのほか体重が落ちづらい時期があったり、生活のなかで足をくじいて運動の種類が制限されたりといった予想していない出来事があれば、計画に適時修正を加えて進んでいきます。その結果、Aさんは無事に目標を達成し、自信をもって海にデートに出かけることができたのでした。

Aさんが実行したダイエットの大まかなプロセスは次のようになります。

3カ月で6キロ痩せると定める

↓

そのための手法を運動と食事制限と決める→トレーナーと友人の知恵を借り1週間のプログラムをつくる

↓

ジムには週2回通い、身体をバランス良く鍛え、食事制限は糖質制限を中心に行う

↓

予期せぬ出来事に対して、プログラムを適時修正していく

以上のような流れになりますが、各プロセスをさらに細分化して見れば、ジムでの運動なら40キロのベンチプレスを10回、食事制限なら昼食に鶏の胸肉を100グラムとおにぎりを一つといった細かな行動の要素で構成されています。

このように、まず目的を踏まえたうえで具体的な目標を定め、そのためには何が必要かをどんどんかみ砕いて細かく分解し、最も効率的なプロセスを選んで計画を組み上げていくというのが、プロセス思考の流れです。

目標によってプロセスは大きく変わる

もう一つ、身近な例からプロセス思考について解説します。

朝、何気なく食べている卵焼きも、実はプロセスの集合で作られるものです。卵焼きを仕上げる際、腹を満たせれば何でもいいとばかりに適当に調理する人もいるとは思いますが、ここでは大切な相手においしい卵焼きを食べさせるというのを目標とします。

料理は、材料を調理する工程の前にすでに始まっています。すなわち、素材となる卵をどこで買うかということから検討する必要があります。一口に卵といっても、購入する場所によって値段設定が違いますし、小さいけれど安いものから烏骨鶏の卵などの高級ブランドまでさまざまな種類が存在します。おいしい卵焼きを目指すには、素材もできる限りいいもののほうが良さそうですが、一方でたとえ材料が安くとも、使用する器具や作り方にこだわればそれが実現できる可能性もあります。そのほかに、どれくらいの量の卵焼きを作るかや、どのような器に盛るかといった点についても事前に検討が必要になります。このように素材の仕入れと関連した事項を検討するプロセスが、まず存在します。

続いては、実際に料理するプロセスです。卵の溶き方や使う調味料の種類と量、フライパンの火加減、そして卵焼きを巻いていく技術まで含めれば、バリエーションは無数にあります。そのなかから、相手の好みの味付けや自らの技術を踏まえたうえで、最も良いと思われるプロセスを選択し、実行することになります。具体的な工程としては、卵を溶きほぐす、フライパンを熱する、卵液を入れて固まってきたら折り返すことを何度か繰り返す、仕上げに表面に焼き色を付けるといった流れで調理は進みます。

卵焼きが完成したら、それを器に盛って提供しますが、そこでも大根おろしを添えたり、しょうゆを用意したりとひと手間（手順）加えて、プロセスの価値を高め、おいしい卵焼きを食べさせるという目標に近づけることも考えられます。

　また、せっかく頑張って作っても、相手の体調が悪かったり、量を作り過ぎてしまったりして、残してしまう可能性もないとはいえません。そんな際への対応策、例えばラップをして冷蔵庫にしまい、明日のお弁当に入れるといったところまで考えておくというのが、プロセス思考です。

　なお、卵焼きを作るというプロセスは、どんな場合でも基本的には同じであると思われがちですが、実際には目標によって大きく変化します。

　例えばプライベートではなく、事業として卵焼きを作る場合には、その目標は、大切な相手においしい卵焼きを食べさせたいというものから、卵焼きを販売して年商10億円を達成するというように異なってきます。

　そうなるとプロセスは、プライベートで作る際のそれとはまったく違ったものになります。できる限り原価を抑えつつ、お金を払ってでも食べたいと思わせるような魅力をもたせる必要があり、さらには量産に適した大きさや形を模索し、常に一定の品質が保てるような調理上の工夫も求められます。調達と調理だけではなく、完成した卵焼きをどのようにしてより効果的に販売するかも検討しなければなりません。

このように、プロセス思考はその目標によって考えるべき内容が大きく変わるというのが、重要なポイントといえます。

プロセス思考が人生にもたらす3つのメリット

身近な事柄であるはずのダイエットや卵焼きの作り方も、プロセスに着目すれば見え方がずいぶん違ったものになったと思います。

では、こうしたプロセス思考が身につくことで、人生においてどんなメリットがあるのか、考えてみます。大きく分けると、3つのメリットが想定されます。

メリットその①「目標が明確になる」

プロセス思考の前提となるのが、具体的な目標です。したがってプロセス思考が身につくと、どんな課題でも自然に目標を具体化できるようになっていきます。明確な目標は人生を豊かにしてくれます。そして明確な目標の裏には、必ずその行為をするに至った目的が存在します。それを常に意識できるというのも、プロセス思考のメリットです。

例えば社会人になって仕事を始めたときに、自らの業務が顧客を幸せにするためにあるという目的を忘れなければ、モチベーションを維持しやすくなります。また、仕事の明確な目標に合わせてより効率的なプロセスを考えられるようになるので、同じ仕事をする場合、何も考えずにこなしている人よりも、圧倒的に速いスピードで目標を達成できるはずです。それが、仕事ができるという周囲の評価につながり、出世や抜擢へと結びついていきます。

メリットその②「迷いなく進んでいける」

プロセス思考によって、一つの物事を達成するための手順が明らかになります。これはいわば、自らにとっての道しるべのようなものであり、適時改善は必要となるにせよ基本的にはそれに従っていれば目標達成へと近づけるため、人生を迷いなく進んでいけるはずです。やるべきことが何だか分からぬまま、必死にあがいているような状態になると、誰しもが不安を感じます。プロセス思考があれば、常に自らがやるべきことが明確になっていますから、未来への不安も減ります。仕事面でいうと、業務の目標を叶えるうえでの手順が分かっていれば、あとはそれを実践すればいいだけなので、やるべきことがよりシンプルに整理できます。そこで手順を書き起こし、見える化しておけば、同じ作業を行うほかの人にもそれが共有でき、チームとしても迷わず効率的に仕事をこなせるようになります。そうしてチームの中心的な役割を果たしていけば、やはり出世や抜擢の機会を得られる可能性が高まります。

メリットその③「失敗するリスクを抑えられる」

プロセスに着目すると、目標達成のための課題がどこにあるかがより把握しやすくなります。作業上の問題点をいち早く把握できたり、思わぬ落とし穴の存在に気づけたりもできるので、結果として失敗するリスクを事前に減らすことが可能です。もちろんそれでも予期せぬ事態は起きるもので、失敗をすることもあるでしょうが、その際もどのプロセスのどのような部分に問題があったかがすぐに把握できるため、軌道修正も迅速に行えます。例えばアルバイトがある日に、前の予定が思いのほか押してしまい、間に合わなくなったとします。その報告を開始時刻の5分前にすれば、もっと早く報告するよう上司から怒られてしまうはずです。報告が遅いということの問題を、本人のだらしなさのせいにして済ませるのではなく、報告に至るプロセスに課題があると考えるのが、プロセス思考です。仮に遅れる場合には電話での報告が義務づけられているとして、それをラインに替えることで、遅れると分かった時点ですぐにＬＩＮＥで一報を入れることができる可能性はあります。自分も、アルバイトの開始時刻一時間前にアラームを設定して時間に間に合うかを確認するようにすれば、うっかり報告が遅れるようなことを防げます。そうしてプロセス自体を改善すれば基本的にはもう二度と同じ失敗が起きないというのも、大きなメリットです。

「仕事ができる人」になるためのプロセス思考

プロセス思考は、人生のさまざまな場面でその効果を発揮しますが、最も強力な武器となるのが、仕事においてです。大学生のうちは、果たして自分が社会人としてやっていけるか、仕事を通じて成長できるのか不安なものですが、プロセス思考が身についていれば安心です。

そもそも仕事とは何のためにあるのかと聞かれたとき、仕事は給料をもらう手段であり、自らの生活のためにやるものであると思っている人もいるかと思います。確かにお金は、人生においてある程度必要なものであり、できるだけ高い給料をもらって豊かに暮らしたいという気持ちも分かります。

しかし実は、仕事の本質は他者のために働くところにあります。世の中は、誰かに価値を与えた対価として給料がもらえる仕組みになっています。人一倍の価値を発揮したら報酬がもらえるはずです。すなわち、自分の時間を費やして自分以外の誰かを満足させる＝自分の価値を評価してもらうというのが、仕事というプロセスなのです。したがってプロセス思考の世界では、給料や報酬が保証された仕事という考えはありません。手順どおり言われたことだけをやっていても、給料や報酬はもらえない（もらう価値を発揮できていない）ということです。現に機械は給料や報酬はもらえず、動くための最低限の電気と燃料しか与えられません。

このことからいえるのは、仕事というプロセスは自分一人だけのものではないということです。たとえ絵描きのような孤高の芸術家であっても、その絵に満足して対価を払う人がいなければ生きていけません。仕事をプロセスとして認識することで、人とのつながりと相互理解、バランスが欠かせないことを意識付けできるのであり、自己満足や言い訳は、プロセス思考の世界には存在しないといっていいと思います。

特にインターネットで世界がリアルタイムにつながるようになった現代においては、一つのプロジェクトに、海外も含めた幅広い人材が関わるようなケースもよくあります。会社に入れば、自らの担当業務や部門という垣根を超えてさまざまな立場の人と仕事をする機会が出てきます。

本書の執筆を例にとるなら、著者である私だけで本を出版することはできません。本書の場合、出版社に籍をおく編集者や、誤字などを修正する校正者、カバーのデザインなどを担当するデザイナー、本を刷る印刷会社、そして書店に営業を掛ける営業担当者など、たくさんの分野の人が関わっています。そうして現代社会において、人との複雑なつながりのなかで働く際に、活きてくるのがプロセス思考です。

あらゆる仕事はプロセスでできていますが、関わり方によってその内容が当然違ってきます。私は文章を書き、編集者は企画や構成、原稿のチェックを担当し、デザイナーはデザインを手掛けるといったように、それぞれのプロセスをもっています。

プロセス思考を用いれば、そうして広がっているプロセスを見える化することができます。例えば、私が書いた原稿を編集者に送り、編集者がその内容を確認したうえで、それに沿ってデザイナーと書籍デザインの打ち合わせを行い、上がってきたデザインを私がチェックするという一連のプロセスがあるとします。

ここでもし私が原稿執筆後のプロセスを把握していないなら、ある日いきなりデザインが届くことになりますが、プロセス思考により各人のプロセスを整理、把握しておけば、各プロセスにどれくらいの時間がかかり、いつ頃自分のところに成果物が届くかが予測できます。その時間を効率的に割り振って、私は原稿の読み直しや加筆などを行いさらに質を上げることができる可能性もあります。また、どこかの工程で思いのほか時間がかかり、スケジュールが押してしまったような場合にも、遅れを挽回できそうなプロセスはどこかがあらかじめ把握できていれば、柔軟に対応できるはずです。

特に多くの人が関わり、プロセス自体が複雑化しているようなプロジェクトにおいては、その全体像の把握と整理が欠かせません。プロセス思考が身についていればそれが自然に行え、自身がより効率的に動くことができるようになり、結果として最短・最速で仕事での目標達成が可能となるのです。また問題が発生したプロセスについて、自らが都度改善しプロセス全体を磨いていけたなら、チームとしての生産性も高まり、成果を残すことができるはずです。

このような仕事の仕方をすれば、新卒1年目、2年目であっても、周囲から高い評価を得ることが可能です。

プロセス思考の一つの指針となる「SCORモデル」

ここまでプロセスには目標が必須であることを述べてきましたが、プロセス自体はどう区切ればよいのか、どのような単位でとらえればよいのか、グローバルスタンダードなテンプレートを知っておきたいと思った読者も多いかと思います。ここでやや専門的になりますが、一つのプロジェクトに関わる人が多く、プロセス自体が複雑化しやすい現状にあたり、メンバー間での共通認識を図るためなどに活用される「SCORモデル」についても触れておきます。

SCORモデルのSCORとは〝Supply Chain Operations Reference〟の略であり、その名のとおり企業のサプライチェーンにおけるプロセスの参照モデルのことです。いきなり難解そうな単語が出てきて戸惑う人もいるかもしれませんが、実はこのSCORモデルはプロセス思考そのものの発想でできており、企業の活動だけでなく、日常生活から人生まであらゆる場面で活用できる汎用性があると私は考えています。学生のうちからでも知っておいて損はありません。

SCORモデルの具体的な説明に入る前に、まずはサプライチェーンとは何なのかについて触れておきます。

私たちが生活するなかで手にする商品は、たくさんの人の手を通じて作られています。例えばコンビニエンスストアで販売されているお弁当は、お米や野菜などを作る生産者から始まり、運送業者や製造工場といったいくつもの事業者を経て店頭に並びます。取引を介して多くの事業者が途切れることなくチェーンでつながった結果、一つの商品が私たちの手元に届くのです。このように原材料や部品の調達から製造、そして販売に至るまでの一連の流れのことを、サプライチェーンといいます。

現代においては、このサプライチェーンは広域に及ぶことが多く、コンビニ弁当であってもそこに使われている食材が外国産であることはよくあります。したがって一人の人間が把握、管理できるサプライチェーンにはおのずと限界があり、さまざまな部門から複数の人材を登用して管理するのが一般的です。ちなみにこうしてサプライチェーン全体を把握し、最適に管理する取り組みをサプライチェーンマネジメントといいます。

こうして複数の人が関わるサプライチェーンマネジメントの実行にあたり、共通認識を形成するために活用できる便利なツールが、SCORモデルです。

SCORモデルは、複雑なサプライチェーンのマネジメントにおけるプロセスを標準化し、その成果を定量的に把握すべく、アメリカの専門団体SCC（Supply Chain Council）により提唱されたものです。世界的に標準化された共通の定義に基づいて作られていますから、業界を問わずあらゆるサプライチェーンに適応できます。

SCORモデルでは、サプライチェーンを6つの主要なプロセスに分類しています。

【図表1】

基本概念：サプライチェーンは5つのプロセスタイプで構成される

- 5つのプロセスタイプ
  ・Plan・Source・Make・Deliver・Return
- 3段階の詳細レベル
  レベル1　⇒　レベル2　⇒　レベル3
- プロセス定義とメトリクス（評価指標）定義・ベストプラクティス情報のセット

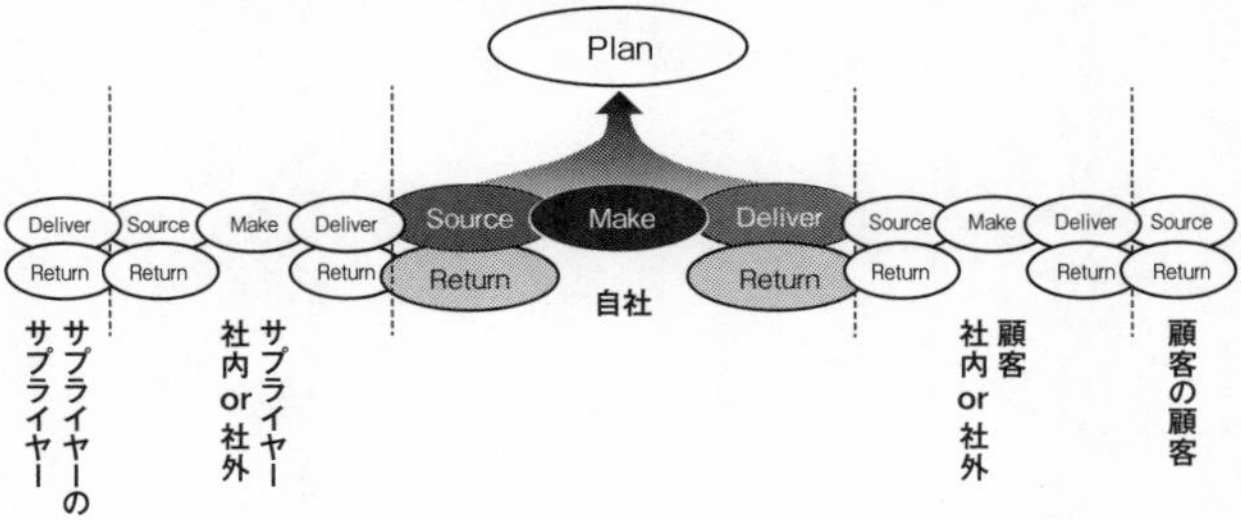

出典：株式会社ビジネスクリエイト「サプライチェーンを考える、SCOR® モデルで」より作成

●計画（Plan）
ビジネスの目標に沿うような計画を立てるプロセス

●調達（Source）
計画に基づいて、モノやサービスを調達するプロセス

●生産（Make）
計画を満たすようプロダクトを製造し、納入できるようにするプロセス

●納入（Deliver）

受注管理や輸送管理などを行い、完成したプロダクトやサービスを納入するプロセス

●返品（Return）

顧客やサプライヤーからの返品に関するプロセス。納入後の顧客サポートなども含む

●業務基盤（Enable）

ビジネスルール、データリソース、契約、コンプライアンス、リスクマネジメントなどに関連するプロセス

なお、本書の解説において活用するのは「計画」から「返品」の5つのプロセスであり、ここからはそれらにフォーカスして話を進めていきます。

SCORモデルを参照すればプロセスが明確化する

さて先ほどの卵焼きを作るプロセスに話を戻しますが、実はこのプロセスはSCORモ

デルを参照すれば明確化できるのです。

目標がおいしい卵焼きを食べさせることであるとして、まず考えるべきなのは、どこでどんな卵を仕入れるかという「買い物計画」、卵焼きを含む献立と、どれだけの量を作るかといったことを検討する「献立計画」、そしてどのような器にどう盛り付けるかなどを考える「給仕計画」です。これらがＳＣＯＲモデルでいうところの計画のプロセスとなります。

続いては、実際に買い物を行い、卵焼きを作り、給仕するという計画実行のプロセスに入ります。ＳＣＯＲモデルに当てはめると、このときの買い物が調達、調理は生産、給仕は納入にあたります。ここで、例えば買った卵にひびが入っていたり、相手が食べ残してしまったりという事態に対応するためのプロセスが、返品となります。

次に目標を、卵焼きを販売して年商10億円を達成するというように変えてみます。目標である年商10億円を超えるには、単純計算で月商９０００万円前後、１日で３００万円前後を目指さねばなりません。いきなりは無理でも、こうした数字をある程度見据えたうえで、設備投資をはじめとした計画に入る必要があります。

設備をどうそろえるか、毎日使う卵をいくらでどのようにして安定的に仕入れるかという「調達計画」、実際にどんな調理工程で商品を作り、どのように品質を管理するかの「生産計画」、そして店舗への投資を含め、出来上がった卵焼きをどうやって売るかという「販売計画」の3つの計画を立てることになります。

その後、実際に調達、生産、納入と進んでいき、返品についても対応するという一連の流れによって、「卵焼きを販売して年商10億円を達成する」プロセスは完成します。

これらを通じて分かるのは、目標の定め方によりプロセスの内容はまったく異なってくるけれど、構成する主要なプロセス自体は変わらないということです。

プロセスは一度定義したら終わりではない

世の中には学生のうちから経営の道を志し、成功を収めている人がいます。私の周りでも、大学時代から準備をして卒業後すぐにアパレルの会社を起業した友人がいました。

当時のアパレル業界は「カリスマ的なアイドルの衣装を真似て作ればとりあえず売れる」という状況であり、アイドルたちが着た衣装をいかに早く商品化して売り出すかが勝負だったといわれます。

そこで友人は原材料となる布が安く手に入る韓国へと飛び、生地を仕入れるとともに、そこで生地屋さんに口頭で、こんな感じの服を作りたいと伝え、その場で何着か縫製してもらったそうです。それをカバンに詰めて持ち帰り売っていたというのですから、行動力があります。

友人が実行した販売までのプロセスも、やはりSCORにのっとっています。

目標は、アパレル業で年商10億円を稼ぐことであり、それを叶えるべく調達、生産、販売計画を立てたうえで、調達、生産、納品、そして返品への対応を行っているわけです。

ただ、その頃の若者向けアパレル業界では、アイドルの衣装に似せた商品を世に出すスピードが命であったことから、友人は生地のメーカーと直談判してその場で縫製を頼んでいます。これは質の高い衣装を安定して作り続けようというような生産計画や生産のプロセスとは真逆のやり方といえます。いわば、他社がそこに対して掛ける労力を、韓国でのコストを抑えた調達や、素早い納入と販売といったプロセスに振り分けており、それによって安く速く作るという自社の強みを最大限に活かしているのです。

このように起業の段階からSCORモデルを参照する際には、自社ならではの強みやアイデアを活かせるよう、プロセスごとに強弱をつけて計画、実施を行っている人が多いと感じます。

ただ、こうしたプロセスは一度定義したら終わりというわけではありません。環境や状況が変わったりしたら見直す必要が出てきます。

友人のアパレルベンチャーはその後、韓国から日本への商業製品の持ち込み規制や、韓国の生地屋さんの方針の変化、大手企業による参入といった諸事情によって、事業継続が困難になりました。友人は結局、別の仕事を手掛けることになりましたが、仮に友人のその会社がプロセス改善に成功して成長し、大企業となったなら事業のプロセスはいかなる形になったか予想してみます。

会社はよく知られるようになり、目標も「年商3兆円のリテールカンパニー」と圧倒的に規模が大きくなりました。当然ながら個人で取引を進めていたときと比べ、プロセスの内容はまったく異なります。

調達計画ではいかに生地を大量に、しかも安定的に仕入れ原価をどう抑えるかが課題であり、自社で生地を生産する工場の設立や海外との取引なども視野に入れて計画を立てます。生産計画も同じで、人件費の安い海外に製造拠点を構えるといったグローバルな選択肢も考慮せねばなりません。販売計画では大量販売を前提とし価格競争に耐え得る商品群をもたねばなりません。3兆円を目指すなら日本だけではなく海外市場に向けても商品を売っていくべきで、どの国に売るかで商品設計も変わり、生産計画にも大きく影響します。

こうした計画を実行に移すと、サプライチェーンは極めて広大なものとなり、それぞれのプロセスも複雑化します。これは大企業の宿命であり、時にプロセスが分断化されてサプライチェーンの維持が難しくなる可能性もでてきます。

ただサプライチェーンマネジメントにあたって、大企業でも個人事業主でもプロセス全体を監視し、価値を生みだす力が衰えたプロセスを改善するという点は同じです。どんなプロセスに対してもSCORモデルは同様に機能するのです。

あらゆる目標を達成するためのスキーム「BMM」とは

こうして事業の構築や拡大において活用できるSCORモデルですが、この考え方をもとにさらにいろいろな事象に効く「型」として「ＢＭＭ」があります。ＢＭＭとは〝Business Motivation Model〟であり、世界標準団体であるＯＭＧ（Object Management Group）が仕様管理するビジネスプランを記述するための標準スキームです。このＢＭＭを使えば目標達成までの道筋がさらに明確になります。ビジネスと名前がつくため学生には関係ない、まだ早いと思うかもしれませんが、そんなことはありません。ＢＭＭはビジネスだけでなくあらゆる事象の目標達成のために使えるモデルであり、一見すると何の関連もなさそうな事象であっても、ＢＭＭを参照しつつプロセスに着目することで、新たな視点が手に入ります。

ＢＭＭは大きく分けて４つのカテゴリーから成り立っています。

●End＝今と違ってどうありたいか

Endのなかには Vision（どうありたいかの全体イメージ）、Goal（包括的表現による中期目標）、Objective（期日付きの具体的目標数値〈目標達成の判断基準〉）があります。

このGoalですが、特に日本人はこの言葉を本来の定義よりも広くとらえ、誤った使い方をしていることが多いと私は感じています。「○月までに△△することをこのプロジェクトの次のGoalにしよう」などはよく聞く表現ですが、これはグローバルスタンダードのGoalではなくマイルストーン（プロジェクトや作業の中間目標地点や節目のポイント地点のこと）です。「包括的表現による中期目標」といわれると想像しにくいかもしれませんが、中期目標の「中期」とは一般的には3年～5年程度を指し、憧れの曲をかっこよくギター演奏する、サークルの引退試合で優勝するなどがGoalにあたります。

一方、Objectiveは「期日付きの具体的目標数値」です。「憧れのバンドの曲をかっこよくギター演奏する」がGoalであれば、「○月までにキラキラ星を弾けるようになる」などがObjectiveです。日本で短期目標というとたいてい期限を半年～1年後に設定する人が多いのですが、海外ではクォーター（Quarter：四半期、つまり3カ月）が常識ですので、グローバルスタンダードを意識して3カ月以内の期限でObjectiveを設定するようにすべきだと私は思っています。

【図表2】

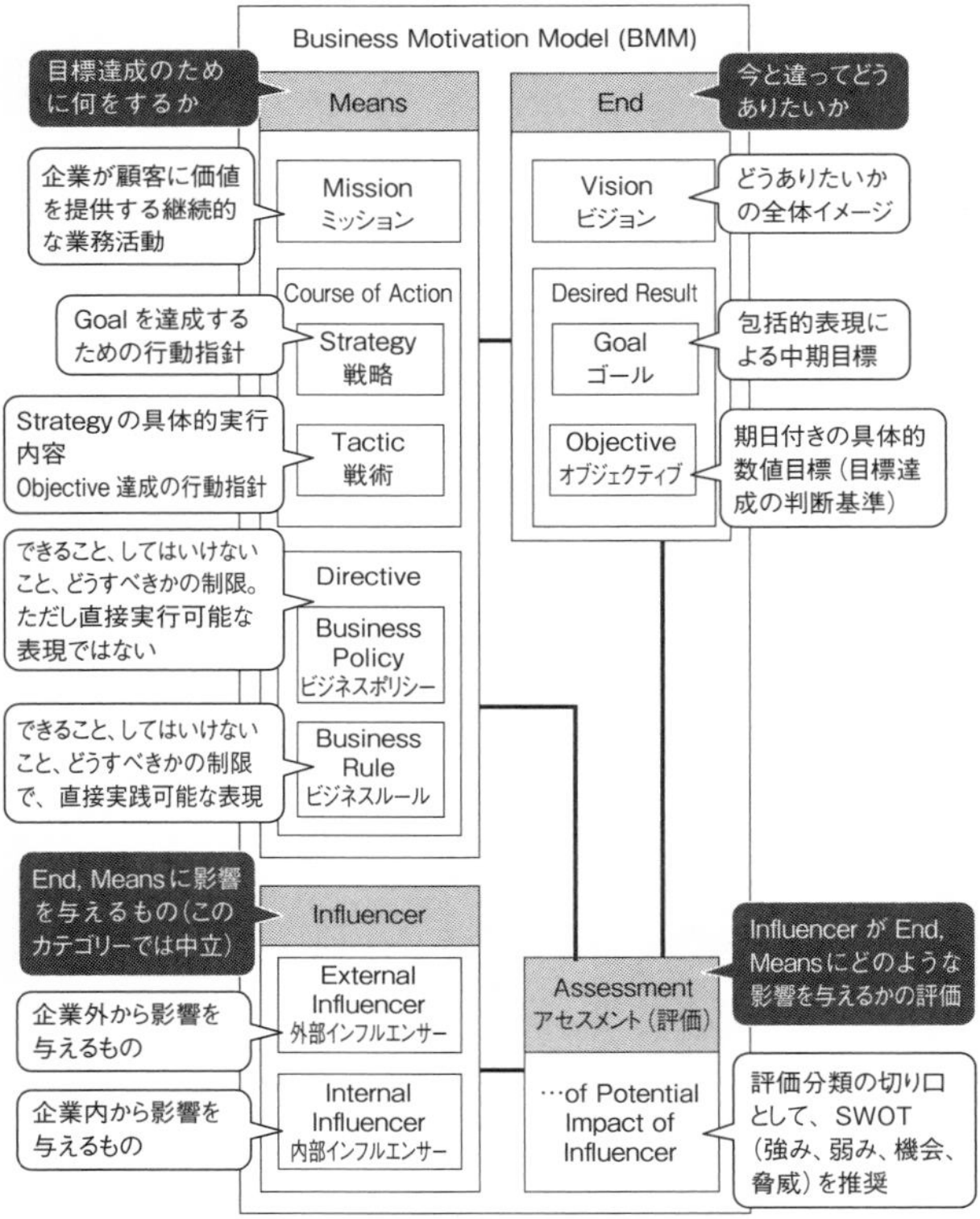

出典：Object Management Group「Business Motivation Model_formal-15-05-19」
からの引用に加筆修正

● Means＝目標達成のために何をするか

Meansのなかには Mission（企業が顧客に価値を提供する継続的な業務活動）、Strategy（Goalを達成するための行動指針）、Tactic（Strategyの具体的内容。Objective達成の行動指針）、Business Policy（できること、してはいけないこと、どうすべきかの制限。ただし直接実行可能な表現ではない）、Business Rule（できること、してはいけないこと、どうすべきかの制限で、直接実践可能な表現）があります。定義には企業やビジネスという言葉が使われていますが、必ずしもビジネスである必要はありません。例えばダイエットを考えた際、「痩せる」は目的なのでGoal、「8月までに6キロ痩せる」は目標なのでObjective、そして「好きな相手と海に行く約束をしたので、それまでに少しでもかっこいい身体をつくる」は信念なのでMeansとなります。

また、「戦略なき戦術は失敗する」という言葉があるように、Tacticだけを考えてStrategyが抜けているということがあってはいけません。目標達成のために何をするかというMeansの定義だけを聞くとTacticばかりが浮かんでしまうかもしれませんが、TacticはStrategyがあって初めて見えてくるものなのです。

●Influencer = End, Meansに影響を与えるもの

InfluencerのなかにはExternal Influencer（企業外から影響を与えるもの）と、Internal Influencer（企業内から影響を与えるもの）があり、このカテゴリーでは中立です。ここでも企業という言葉が使われていますが、大学生であれば適宜サークルやアルバイト先などに置き換えて考えてみます。新型コロナウイルス感染症（COVID-19）は、世界共通のInfluencerでしょう。

●Assessment = InfluencerがEnd, Meansにどのような影響を与えるのかの評価

評価スキームについてはＳＷＯＴ分析（Strength〈強み〉、Weakness〈弱み〉、Opportunity〈機会〉、Threat〈脅威〉の４つの要素で要因分析するフレームワーク）を推奨しています。

この４つのカテゴリーはそれぞれ関連し合っていますが、ここで注意したいのがInfluencerはAssessmentとしかつながっていないという点です。Influencerは評価はし

ますがEndやMeansに直接は関わってきません。「目標は立てたけれど周りの環境が○○だったから達成できなかった」は通用しないということです。ここを理解せずに目標達成に失敗した原因を他人や環境のせいにしていると、いつまで経っても目標を達成できなくなってしまいます。新型コロナウイルス感染症（COVID-19）のせいで私の目標は達成できなくなったというのは、通用しません。新型コロナウイルス感染症（COVID-19）が自分の立てたEnd, Meansにどう影響するのかをしっかりAssessmentしてください。そして、必要に応じて自分が今やるべき最適なプロセスに見直してください。

SCORモデルとBMMによって成功した「忠臣蔵」

例えば『忠臣蔵』という時代劇の基となった赤穂事件も、BMMに当てはめて解釈できます。

江戸時代元禄期に起きた赤穂事件は、1701年（元禄14年）3月14日に、江戸城内で赤穂藩主の浅野内匠頭が高家筆頭の吉良上野介を斬りつけた刃傷事件と、その翌年12月14日に赤穂の旧藩士たちが吉良上野介の屋敷に討ち入り、上野介の首を取ったという一連の事件の総称です。

この史実を基に忠臣蔵が創作されたわけですが、昔はテレビの年末特番といえば長編時代劇の忠臣蔵であり、その物語は多くの人に知られていました。しかし2000年代に入った頃から忠臣蔵を題材にした時代劇の作品は全体的に減少し、いつしか年末のテレビ欄からも姿を消しました。

とはいえ現代においても、忠臣蔵は比較的著名な時代劇の一つであり、基となった赤穂事件の流れをプロセスに着目して見ると、仇討ちという大業が成功した理由がよく分かります。

背景から説明すると、浅野内匠頭が江戸城内での刃傷事件という大罪を犯すに至った明確な理由は分かっていませんが、当時はどんなもめごとにあたっても喧嘩両成敗の不文律があり、喧嘩が起きた場合には両者の言い分を吟味したうえで、裁定するのが通例でした。しかしおひざ元での刃傷沙汰に激怒した、時の将軍・徳川綱吉は、五万石の大名という立場にある浅野内匠頭を「罪人」として扱い即日切腹を申し渡し、さらに遺書の用意も切腹時に自分の刀を使うことも許しませんでした。一方の吉良上野介には応戦をしていないないという理由で「お構いなし（無罪放免）」の裁きを下しました。

争いの原因を探ることなく、喧嘩両成敗の不文律に反したこの不公平な裁きこそ、日本三大仇討ち事件の一つ「赤穂事件」の端緒となるものでした。ちなみにここでもし綱吉が、プロセス思考をもって争いに至るプロセスを解き明かしていれば、このような判決にはなっておらず赤穂事件は起きなかったといえます。

事件後、赤穂浅野家は断絶、赤穂藩の領地は召し上げられて城も収公、300人余りの藩士と、300人ほどの足軽、そしてその家族たちは路頭に迷うこととなり、京都、大阪、奈良などに四散していきました。ここで調整にあたったのが、赤穂藩の家老であった大石内蔵助でした。残務の整理や新たな藩主への引き継ぎ、財産の配分、そして徹底抗戦を唱える武闘派の鎮静など、さまざまな役割をこなしました。

そうして目の前の現実と向き合う一方で、大石内蔵助は喧嘩両成敗の不文律にしたがって吉良上野介を処罰するよう、幕府に訴えました。また、浅野内匠頭のいとこにあたる大垣藩主の戸田氏定に嘆願を行ったり、浅野家ゆかりの寺の住職を2度江戸に送って綱吉が帰依する護持院の僧に働きかけたりと、お家の再興も画策していました。

しかし結果として、喧嘩両成敗の願いも、お家の再興も叶うことはありませんでした。それに対する絶望が、武士の面目を守るための最終手段ともいえる吉良邸への討ち入りにつながっていきます。

前置きが少し長くなりましたが、この討ち入り計画についてまずはSCORモデルを参照しながらそのプロセスを分析してみます。

まず目標は、主君の仇を討つという一点です。より具体的には、吉良上野介の命を取る、というものになります。それに対し、協力してくれる同志を集める「同志計画」や、必要な武器や装束などの入手経路の検討など「準備計画」を進めていきます。そして条件がそろったら当日は人をどのように配置し、どんな手筈でことに及ぶかという詳細な「討ち入り計画」を立てます。

こうした計画のうえで、実際に同志を確保する「調達」や、武器や装束の手配などの「生産」へと進んでいきます。その間、同志の離脱や心変わりといった「返品」にあたる事象にも対応しなければなりません。

【図表3】

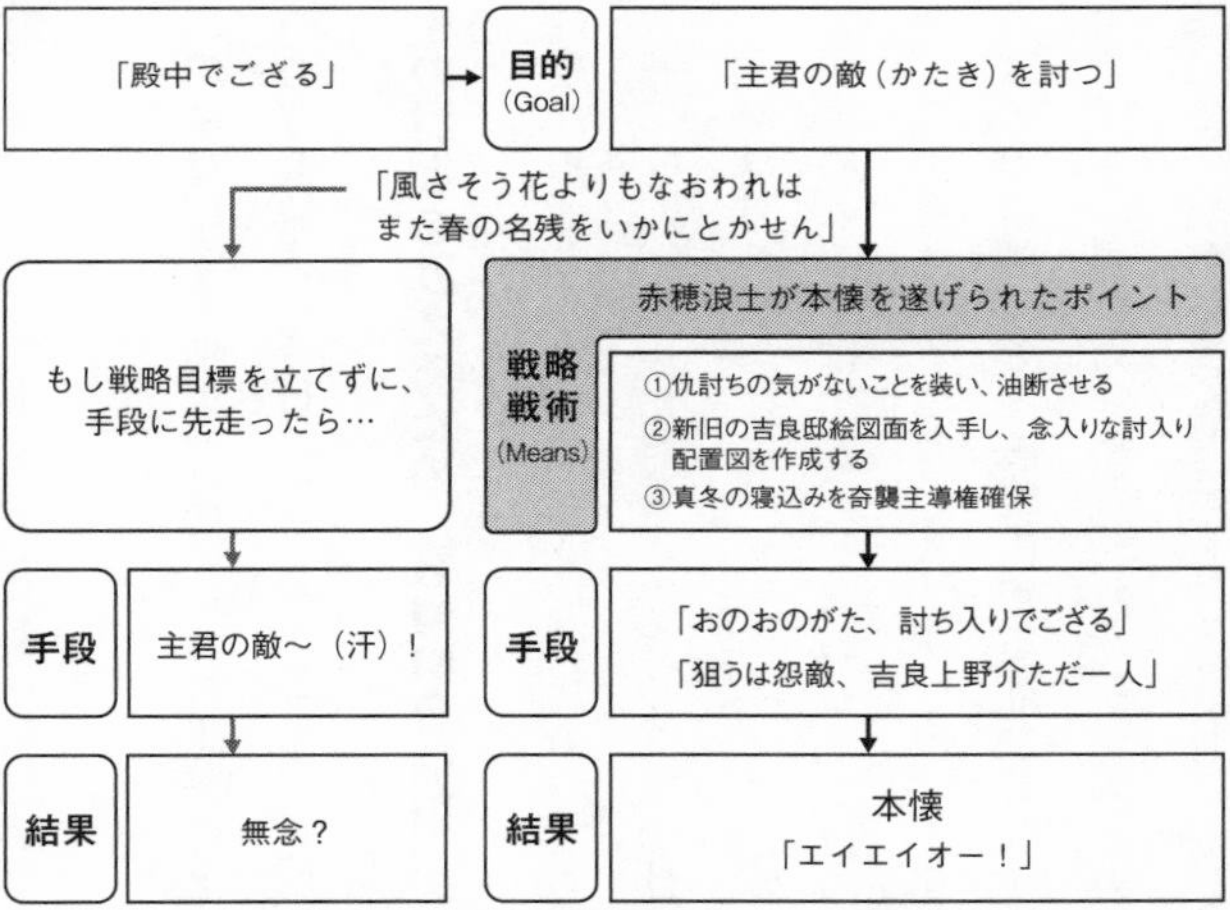

「殿中でござる」
目的
(Goal)
「主君の敵（かたき）を討つ」
「風さそう花よりもなおわれは
また春の名残をいかにとかせん」
もし戦略目標を立てずに、
手段に先走ったら…
赤穂浪士が本懐を遂げられたポイント
戦略
戦術
(Means)
①仇討ちの気がないことを装い、油断させる
②新旧の吉良邸絵図面を入手し、念入りな討入り
配置図を作成する
③真冬の寝込みを奇襲主導権確保
手段
主君の敵～（汗）！
手段
「おのおのがた、討ち入りでござる」
「狙うは怨敵、吉良上野介ただ一人」
結果
無念？
結果
本懐
「エイエイオー！」

目的と手段を取り違えないことはもとより、戦略目標が重要

著者作成

そうして当日は、「納入」にあたる討ち入りの実行です。さらにいうなら討ち入り自体にもプロセスがあり、『波賀朝栄聞書』という書物に描かれたその様子などからかなり細かく検討されていたことが見て取れます。大石率いる一隊は表門から、大石主税、吉田忠左衛門率いる一隊は裏門から門扉を打ち破り吉良邸に突入するなど、個々の戦力差を考えながらうまく部隊を分けて、2500坪もあった吉良邸でより効率的に目標を達成しようという工夫があります。まさに、非の打ちどころのない完璧なMeans（戦略、

戦術、ポリシー、ルール）を計画したわけです。

このように、赤穂事件はプロセス思考によってその流れが詳細に検討され、各自が役割をもれなく確実に遂行していったことで、成功したのです。

人生の目標を叶えるため、BMMを活用

仕事から討ち入りまで、成功のための定石として幅広く当てはめることができるプロセス思考ですが、最後に誰もができる活用の仕方として、人生をBMMに当てはめて考えたいと思います。

まず定めるべきはEnd、すなわち「自分の人生目標」です。まだ将来がはっきりしないと感じている人も、とりあえず現時点での目標で構いません。

実はこの目標こそ、複雑化する社会のなかで自分の生き方を見失わないための指針となるものです。思わぬ岐路が訪れたり、人との関係に思い迷ったりした際にも、目標に立ち返ることで自分自身を見失わず、主体的に人生の選択ができるはずです。

そんな目標を叶えるためのMeans, Influencer, Assessmentを自分なりに考えてBMMの枠内を埋めていきます。ただ、すべてが計画どおりいくとは限りません。時に挫折したり、人から裏切られたり、思わぬ損をしたりといった出来事が起きる可能性も大いにあります。

これらプロセスの内容は、人それぞれで変わってきますし、時間が経てば変化するものでもあります。こまめに見直して修正を加えながら活用します。

そうして自ら設定したプロセスを磨き、出力される価値をどんどん高める行為はまさに人間としての価値を高めるものにほかなりません。結果として目標に近づくことができ、人生がより豊かなものになるのは間違いないのです。

［第3章］

徹底的に無駄を省き、一つひとつの行動に価値を生みだすプロセス思考8つのステップ

プロセス思考の8ステップを実践

ここまでプロセス思考とは何かを解説してきましたが、その意味を理解するだけでは人生を変えることはできません。

生活のなかでプロセス思考を習慣化し、実践していくことが大切です。

その道しるべとして私が紹介したいのが、「プロセス思考の8ステップ」です。

このステップを踏むことで、プロセス思考を体系立てて進めていくことができます。繰り返し行えば、自然に習慣化できるはずです。

プロセス思考の8ステップは、次のようなものです。

ステップ①　現在の目標を書きだす

↓

ステップ②　目標の関係性を導き、優先順位をつける

↓

ステップ③　目標達成までの大まかなプロセスを描く
↓
ステップ④　自分の現状を整理する
↓
ステップ⑤　客観的な意見を聞く
↓
ステップ⑥　期限付きの具体的な目標を設定する
↓
ステップ⑦　手順を導き、実践する
↓
ステップ⑧　常にモニタリングし、修正する

ステップ①　現在の目標を書きだす

まずやってほしいのは、現在やりたいことの整理です。

卒業できるように単位を取りたい、アルバイトで学費を稼ぎたい、サークル活動で賞をとりたい、引っ越しをしたい――。最初は思いつくままに書いてみます。

この段階から目標達成の可能性や効率などを考える必要はありません。突拍子もない大きな目標から数カ月で達成できそうな比較的小さな目標まで、とにかく洗いざらい書きだしてみます。すべて出し切ったところで改めて眺めると、時間が足りないように感じる人も少なくないのではないかと思います。

限られた時間のなかで、目標に「何となく」向き合っていると、計画性のなさから生まれる無駄な時間により、目標のほとんどが達成できずに終わります。1日のなかで、やるべきことをいかに効率よくこなすかが、より多くの目標を達成するための鍵となります。

なお、目標を「手書きする」という行為にも実は大きな意味があります。

ドミニカン大学カリフォルニア校のゲイル・マシューズ教授が行った実験によれば、

目標を手書きした際の達成率と、キーボードでタイプした場合の達成率を比較したところ、手書きのほうがタイプより42％も達成率が上がったというのです（Gail Matthews〝Goals Research Summary〟）。

なぜこのような結果が出たのかというと、書くという動作が脳の網様体賦活系という部分の細胞を刺激し、それが情報の取捨選択や処理の能力を強化し、そこからどんな行動をとるべきかについて考え、行動意欲を促進するからであるといいます。

キーボードに文字を打ち込むときに求められる指の動作が8種類程度しかないのに対し、手書きで必要となる指の動作は1万種もあるそうで、その分、脳がより活発に働くことになります。

また、ハーバード大学の研究チームが１９７９年から10年にわたり行った研究では、目標を紙に書いていた学生は、そうでない学生に比べ約10倍もの高収入を得られるようになったと報告されています（Mark McCormack〝What They Don't Teach You in the Harvard Business School〟）。研究チームはまず同大学の学生に対し、「目標をもっているか？」「目標を紙に書きだしているか？」と質問したところ、84％の学生の回答は「目標をもっていない」と答え、13％の学生は「目標をもっているが、紙には書いていない」、そして残りの3％が「目標をもっているし、紙に書いている」と答えました。

その後、10年間の追跡調査を行った結果、「目標をもっていたが、紙には書いていなかった13％の卒業生は、目標をもっていなかった84％の卒業生の2倍の収入を得ていた」という事実が明らかになりました。「目標を紙に書いていた3％の卒業生」については、ほかの97％の卒業生の10倍の収入を得ていたのだというから驚きです。

このような研究結果がある以上、やはりパソコンに打ち込むのではなく、ノートなどに手書きで目標を記すことを推奨します。

ステップ②　目標の関係性を導き、優先順位をつける

ステップ①で書きだした目標が少数であればそれほど迷う必要はないでしょうが、もし目標がたくさんあったり、数は少なくとも達成に時間と労力を要するものが含まれていたりしたなら、目標に優先順位をつける必要がでてきます。やりたいことには全部チャレンジするという姿勢は確かにすばらしいものですが、興味関心が分散した状態だと、結局は

どれも中途半端になってしまうというリスクがあります。それを避けるためにも、優先順位をつけることが大切です。

例えば多くの大学生にとって本業である学業は優先順位が高く、大学を規定の時間で卒業するのを第一の目標に据える人が多いと思います。すると日々のスケジュールは当然、大学での講義やテストを基に組んでいくことになるでしょう。そして講義や勉強の空き時間に、アルバイトやサークル活動での目標達成を目指すことになります。

ただし学生のなかには、学業と同じくらいアルバイトが重要であるという人もいます。奨学金の返済や学費、生活費の捻出を自ら行っている場合には、アルバイトをしなければ大学生活を送ることができません。その場合には、大学での講義やテストと、稼ぐ必要がある金額に応じたアルバイトのスケジュールで1日がほとんど埋まってしまうケースもあるはずです。

また、部活やサークル活動に青春を捧げている人にとっては、学業と同等の力を割り振ってでも達成したい目標があるかもしれません。そうして自分のなかの優先順位に基づいて、時間や労力を割り振っていくことがプロセス思考の基本となります。

ちなみにこの優先順位は、時とともに変化するのが通常です。大学を卒業すれば当然講義はなくなりますし、サークル活動で目標とした賞を取りすがすがしく引退したのちには、その時間がまるまる空くでしょうから、自然にそのほかの目標の優先順位が繰り上がることになります。

なお優先順位をつけるにあたって考えねばならないのが、目標同士の関係性です。目標達成を目指すにあたっての主要な資源といえる「時間」と「お金」を捻出する方法には因果関係がつきものです。例えば、家賃が安い郊外に住み、通学に時間のかかる都心部の大学に通っているという現状なら、それは通学時間を費やしてでもお金を浮かせているということです。仮に自らの目標が学業とアルバイトであるなら、通学時間のかからない都心部に住んでより学業に邁進できる環境にしつつ、家賃が上がる分アルバイトの時間を増やさねばならない可能性もあります。そうして限られた時間とお金を複数の目標にどう振り分けるかもイメージしていくと、明らかに両立できない目標や無理のある目標が出てくるなどして、その優先順位にも影響してきます。

ステップ③　目標達成までの大まかなプロセスを描く

目指すべき目標が絞られたなら、それぞれを達成するためのプロセスを図として描いてみます。

どんな図にすればいいのかというと、例えば一般企業が商品を作り顧客へと届けるまでのプロセスを記した「バリューチェーン図」を参考にすると分かりやすくなります。

バリューチェーンとは、自社の商品やサービスがどのようなプロセスの連鎖によって利益を上げているかを示すものであり、バリューチェーンを把握することで、プロセスごとで生みだされる価値や、かかるコストやリソースなどが大局的に判断できるようになります。この考え方は、ハーバード・ビジネススクール教授の、マイケル・ポーターが1980年代に提唱したとされ、今では経営戦略やマーケティングに関わる人たちの必須の思考ツールとして世界中に普及しています。

バリューチェーンのプロセスの内容については各業界で異なりますが、ここでは解説のために一般的な製造業と、コンビニエンスストアなどの小売業のバリューチェーンを例に

【図表4】

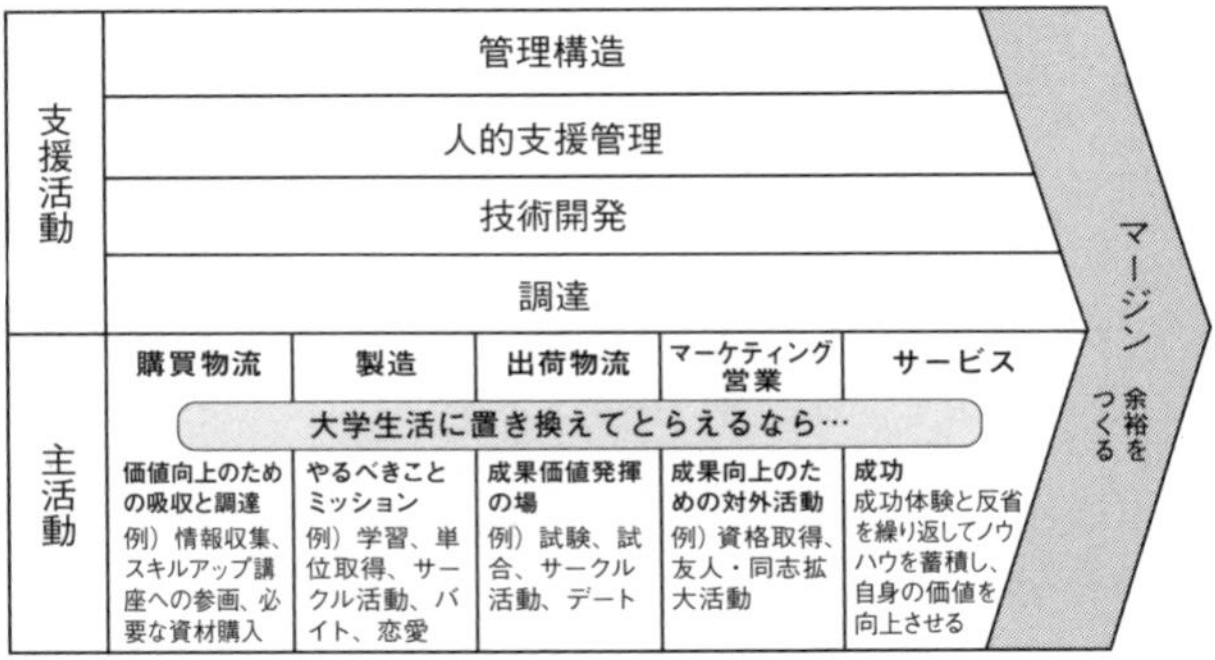

出典：『競争優位の戦略』M.E. ポーター、ダイヤモンド社、1985 より著者追記

取ります。

製造業のバリューチェーンは、まず製品の企画を行い、次に製品を作るための原料の調達、そして実際に製造を行い、それを販売し、メンテナンスなどのアフターサービスを行うといった流れとなっています。小売業なら、企画し、商品を仕入れ、それを売る店舗を運営し、集客を行って販売し、アフターサービスを行うというような流れです。

事業を行うために欠かせないプロセスを主活動といい、その主活動をより効率的に実施するための人事や労務管理といった活動を支援活動といいます。これらを総合した結果が、企業の利益という形でアウトプットされます。

プロセス思考のステップとしては、ひとまず支援活動の領域は考えずに、主活動の部分を参照して図を描くことを推奨します。目標に対し、どんなプロセスが欠かせないものであり、それらをどのようにつなげれば達成できるかを検討します。例えば大学を卒業するなら、必ず取らねばならない講義や単位があるはずです。これらの取得は、大学の卒業という目標に対する主活動といえます。また、その時々で試験をパスしたり論文を提出したりする必要があるかもしれず、それらもやはり欠かすことのできないプロセスです。そうして必要なプロセスを書きだし、実行すべき順番に並べれば、大学の卒業という目標に対するバリューチェーン図が出来上がっていきます。

なおこの段階では、「1日にこの教科を何時間勉強する」といった細かな手順まで決める必要はありません。確実にやらねばならないことの大まかなプロセスが把握できれば十分です。

ステップ④　自分の現状を整理する

こうして複数の目標についてバリューチェーン図を描くと、どれとどれなら並行してできるかという実現の可能性が、より具体的に見えてくるはずです。

目の前に並んでいる主活動というのは目標達成には欠かせないものですから、一つでも実現できないならその時点で挫折することになります。

例えば必修の講義やテストが入っている日時と、部活の集大成となる大会の日が重なっていたとするなら、大学の卒業と部活動で目標とした大会への出場というのが、すでにこの段階で両立できないと分かるはずです。実際には講義を調整するなどして対応できるかもしれませんが、私がここで伝えたいのは、そうして欠かせないプロセスの実践がすでに不可能であると見て取れる事象がある場合には、目標の変更が必要不可欠であるということです。

それを考えるには、まず自分の現状について整理しなければなりません。

自分はどこに住み通学にどれくらい時間がかかるか、月にアルバイトでお金がいくら必要か、大学でどんな学部に所属しどれくらいの単位を取らねばならないかなど、自らの大学生としての生活を成り立たせている要素を書きだしたうえで、各目標の主活動となるプロセスが問題なく実行できる環境にあるかを判断していく必要があります。

なお、現状把握のやり方として有名なフレームワークについてもここで紹介しておきます。それは、現状である「As is」と、あるべき姿の「To be」の間にあるギャップを可視化するというものです。この「To be」を目標を叶えた自分として、「As is」の自分と何が違うか、どこが足りていないかを考えていくと、これから超えなくてはならない壁が明らかになってきます。

また、就職活動でおなじみの自己分析も、これまでの経験や思考を整理し、自分の能力や性質、強みや弱みといった現状を理解するのに有効です。経歴や技術といった外面のみではなく、性質や価値観などの内面を整理することで、目標の優先順位や、プロセスごとの得意・不得意が見えてきます。

このステップ④をしっかりとこなすと、プロセスのどの部分に課題が出てくるかも予想できるようになります。その部分に対してあらかじめ策を講じることで、目標達成の可能性がより高まるのです。

ステップ⑤　客観的な意見を聞く

ステップ①～④は、すべて主観的判断によって積み上げてきました。これらはいわば鏡に映った自分を見ているようなもので、分かるのは正面の自分の姿だけであり、後ろ半分は見ることができません。後ろ半分の状況を知るには、他者の目で確認してもらうのがいちばんです。そうして客観的な目線も含めて全体像を把握すると、自分だけでは分からなかった問題や課題が浮かび上がってくることがあります。

ここで少し、客観性についても触れておきます。客観的な意見とは、自らの外にあって知覚できるものを指します。例えば「このカレーはおいしい」という感覚は自らの内にあるもので、知覚できません。しかし「このカレーはおいしいと100人のうち90人が言っている」というのは、他者から発せられる言葉としてカレーに対する評価を知覚できます。前者が主観的、そして後者が客観的な意見となります。

目標についてや、そこに至るプロセスについても、このカレーと同じように「できる」「やりたい」という自らの思いは知覚できないものです。しかしそれに対する家族や友人からの評価というのは、他者からの言葉として知覚される客観的な存在であり、より現実に即しているものです。時に自分が見落としていた思わぬプロセスが見つかったり、目標達成のための新たな壁に気づいたりすることもあるはずです。

意見を聞く相手としてふさわしいのは、自分についてよく知る人である家族や、親しい友人、尊敬する教授、そして目標を叶えた先輩などです。「三人寄れば文殊の知恵」ということわざもあるとおり、一人だけではなく数人の意見を聞いたほうが新たな気づきが得やすいです。

なお、人の意見に耳を傾ける際の最も重要なポイントは、うのみにしないことです。いくら尊敬する相手であっても、その言葉に盲目的に従った時点で自発性が失われ、「自分が立てた目標」が「人から言われた目標」へと変化してしまいます。そうなると途端にモチベーションの維持が難しくなり、目標達成の可能性は大きく下がります。

他者からの意見は、あくまで参考にすぎません。「あの人がああ言ったからそのとおり目標を変えよう、プロセスを変えよう」というのではなく、「こんな考え方やとらえ方があある」と理解したうえで、その意見を基にして各ステップを再度、検討してみるという姿勢でいなければなりません。特にステップ②~④は、他者の意見を参考にして繰り返し考えるほど磨かれていき、実現の可能性も高まっていきます。

ステップ⑥　期限付きの具体的な目標を設定する

ここまでのステップをしっかりとこなしたなら、自分が達成すべき目標が絞り込まれ、かつそのプロセスも明らかになっているはずです。客観的な意見も入り、実現の可能性についても十分考慮されています。この段階までくると、目標達成までの期間や数値目標といった具体的な計画が立てられるようになります。そこから、各目標に対し「何をいつまでに達成する」というように、より明確なゴールを設定します。

なお明確な目標の設定は、ステップ①で設定した初期の目標が本当に正しいものか、再度検討する機会でもあります。例えば、「有名企業に入ること」という目標は、人生のゴールではないはずです。何のために有名企業に入り、そこで何を成し遂げたいか、というところに真のゴールがあると私は思います。改めて目標を見直し、じっくりと考えてほしいところです。

具体的な数値目標を定める際のポイントは、あまりにも簡単に達成できるような期限や数値を設定するのを避けることです。例えばダイエットをすると決めたとして、「1年で2キロ落とし、3年後にはスマートな体形を手に入れる」というのは、そこまで細かなプロセスを経ずともちょっとした工夫だけで達成できるでしょうし、設定期間と目標が合っていません。そして目標達成に時間がかかれば、進歩するスピードもそれだけ遅くなります。もし1カ月で2キロダイエットができれば、3カ月で目標達成となり、そこからより自分の理想とする身体を目指して新たな目標を立てられるようになります。自らの成長のためにも、期限や数値目標は厳しめに設定するというのが大切です。

なお目標の種類にもよりますが、比較的短期間で達成できそうな目標であれば、その期限については3カ月というのを一つの目安に使うとよいと思います。世界の企業の多くは、3カ月（四半期）ごとに業績を見直すことを自らに課していますが、それは3カ月という期間が一つの目標を達成するのに最適であると判断する企業が多いからにほかならず、個人の目標においてもちょうど良い期間ではないかと思います。

ステップ⑦　手順を導き、実践する

具体的な数値目標が定まれば、いよいよプロセスの中身である手順の検討に入ります。手順についても、「1週間のどこかの日にこれをする」というあいまいなものではいけません。可能な限り具体的に設定する必要があります。いつ、どこで、誰が、何を、なぜ、どうやって、いくらで、という「5W2H」に照らし合わせて、手順を書いていくことを推奨します。

手順が定まればあとは実行するだけですが、ただ機械的にこなしていくよりも、少しでも高みを目指して目標を超える努力をしてほしいと思います。

試験の点数ばかりを重視する日本の教育制度のなかで育つと、「7割、8割とれれば及第点」という発想になってしまいがちですが、具体的な数値目標がある以上は達成できたかどうかが一目瞭然ですから、たとえ1%でも及ばなかったなら未達成であり、失敗ととらえるべきです。

日本でも、勝負の世界で生きるアスリートたちには及第点の発想はありません。彼ら彼女らは、勝ちと負けという結果の間には天と地ほどの開きがあるのを十分に理解していますから、トレーニングで設定した目標などは絶対に達成するという姿勢で臨みます。

アメリカの大リーグで活躍する大谷翔平選手も、球速160キロを出したいと願うなら、163キロを目指して練習しなければならないという趣旨のコメントをしています（『道ひらく、海わたる 大谷翔平の素顔』佐々木亨、扶桑社、2018）。そうしてワンランク上を見据えて努力するのが、確実に目標を達成するためのポイントです。

ステップ⑥で設定した目標の数値を100％とするなら、120％に達する努力をしていきましょう。

ステップ⑧ 常にモニタリングし、修正する

目標に向かい日々行動を積み重ねていくなかで、時に計画と違うことも起きるでしょうし、思いどおりに事が進まないこともあると思います。計画を維持し、着実に実行することは確かに大切ですが、それはあくまで目標達成に至る手段であり、計画を守るという行為が目的化してしまった結果、日常生活などに支障が出るようでは本末転倒です。うまく

いかないなら、計画を修正しよりよい形へと改善しながら進んでいくというのが正しいやり方です。

そうして修正をかけるためには、その時々の自らの状況を常に把握するというモニタリングが重要になってきます。例えば3カ月という期限で目標を目指すなら、せめて3日に1度は計画どおりに進んでいるかチェックを入れることですぐに問題を把握でき、手を打てます。

問題が起きたときにどんな対応をするかというと、目標そのものは当然変えるべきではありませんが、具体的な数値目標や期限については、時に見直し、修正しても問題ありません。

ただしその際、「もっと楽にやろう」とハードルを下げるような修正の仕方をしてはいけません。数値や期限を甘くするのは、よほどのことがない限り避けるべきです。それらの修正の検討の前に各プロセスについての検証を行うべきです。手段や戦略など、どこかが間違っていたり、設定が甘かったりした結果、問題が起きているケースがよくあります。

プロ野球選手なら、予想よりも打率が落ちれば「どうしてヒットを打てないのか」と、昔の自分のバッティングフォームを見直し、ひじやひざの角度の違いといった細かな変化をチェックして、修正を加えるはずです。それと同じように、時系列で進行をモニタリングしたうえで、こまめに修正や改善を加えることが大切です。

こうして8つのステップを踏むことで、自然な流れでプロセス思考を実践していくことが可能です。この8ステップは、私が本書のために新たにアレンジしたものであり、実はそのベースとなる世界基準の考え方が存在します。

それが「BPM（Business Process Management）」です。名前にビジネスという単語が入っていることからも分かるとおり、BPMは多岐にわたる企業活動のプロセスを可視化し、業務の改善や改革を行うべく考案されましたが、その汎用性はとてつもなく広く、あらゆる問題を解決するための基礎概念、公式として活用できることが分かってきました。本書では定義が大事であることを述べていますが、実は、グローバルスタンダードのBPMの定義はありません。このことは、世界標準団体OMGが提供するBPMの資格

OCEB2の参考書（OCEB 2 Certification Guide: Business Process Management - Fundamental Level）で明言されています。では、どう理解すればよいかというと、BPMのB＝ビジネスは、同書で顧客への価値の創出と定義づけられています。Pはビジネスを構成する要素であり、よって、プロセスも価値を発揮しなければなりません。それをM＝マネジメントする活動がBPMであり、文字どおり、プロセス思考が基本となる活動です。

私は、BPMをベースとして企業の業務改革を行うコンサルタントですが、仕事だけではなく日常生活にもBPMを取り入れています。なぜなら人生においてビジネスに関わる時間が3分の1、プライベートが3分の1、睡眠時間が3分の1とすれば、ビジネスだけに使うのはもったいないと感じるからです。例えば、ダイエットにあたってもその考え方を適用し、「好きなだけ飲んで、好きなものを食べて、健康でかっこいい身体でいる」というポリシーの基、「3カ月で10キロの減量」という目標を立て、ダイエットをスタートし、見事達成することができました。もちろん目標を立てて、好きなだけ飲んで、好きなものを食べていただけではありません。ダイエットに必要な要素、「有酸素運動、筋トレ、サプリメント」を取り入れた、段階的に無理なく実行できるプロセスを設計し、毎日測定と記録（モニタリング）を行い、足りない部分や期待に反して効果が出ないやり方は見直し進めた結果です。私はこのやり方をＢＤＰＭ（Beauty Diet Process Management）と名付けて、今も実践、拡張しています。そして、ダイエットに必要な要素は、ダイエットなんて単語が生まれる前から先人が言っている「快食、快眠、快便」が基本であることに改めて気づかされたのも事実です。睡眠時間は大切ですが（私の場合、7時間睡眠で3キロ減り、ワインを2本飲めば1・5キロ増えます）、寝る時間帯も重要です。ダイエットのゴールデンタイムは22時～2時といわれており、代謝が上がる時間帯です。この時間を外してしまうと、7時間睡眠でも、3キロ減りません。また、寝る場所も寝室でなくてはならず、ソファーで寝っ転がっていた時間はカウントの対象外です。測定と記録（モニタリング）で実証されています（あくまでも私の身体ですが）。ほかにも、お酒の飲み方も代謝をよくする私の身体にあった組み合わせが発見できました。

このような個人レベルの活用にとどまらず、ＢＰＭは国家をも変える力をもっており、世界では実際に活用されてきています。一例を挙げると、複数の国家を統合するという極めて複雑なプロセスを要したＥＵ統合や、ドイツが国策として進める第4次産業革命

(Industrie4.0)などは、ＢＰＭの概念と手法を基本として行われました。

ＢＰＭを理解すれば、より本質をとらえたうえでプロセス思考を実践していけると思いますし、世界標準の考え方を知ることで将来きっと役に立つはずです。

あらゆる物事をプロセスから読み解く「ＢＰＭ」

ＢＰＭが誕生した背景として、生みの親ともいえる存在が、私がＢＰＭを学んだ恩師、アウグスト・ヴィルヘルム・シェアー博士(Prof. Dr. August-Wilhelm Scheer)です。

シェアー博士は、１９７５年から２００５年まで、ザールランド大学のドイツ人工知能研究センター(ＤＦＫＩ)情報システム研究所のディレクターを務め、産業、サービスなどのビジネスプロセスの管理を担当した人物です。１９８４年には国際的なソフトウェアおよびコンサルティング会社を設立し、ドイツ最大のＩＴ企業に成長させました。その一方で、ビジネスプロセスの管理をグローバルな方法論として統合し、それがＢＰＭにつながっています。

日本にＢＰＭという考え方が入ってきたのは２０００年代ですが、それ以前からシェアー博士はあらゆる企業のビジネスをプロセスとしてとらえ、その管理に応用できるようなモデルはないものか考え続けていました。そしてある日、二股に分かれた木の枝を見て、Y字の形にプロセスを並べた「Yモデル」という独自のアイデアをひらめいたといいます。このYモデルは自社のみのビジネスプロセスを表すものでしたが、のちに他社との業務的つながりが自社のプロセスに影響を与えることも考慮した「ARISモデル」として生まれ変わっています。

このARISモデルは、実際にビジネスプロセスの改善や改革を成し遂げるためのソフトウェアにあたるものです。それに対しBPMは業務を一連のプロセスとしてとらえ、プロセス単位でタスクを管理するという概念であり、それが世界標準として用いられるようになったということになります。BPMの最大の特徴であるプロセスの把握と管理は、会社の業務のみならず、さまざまな物事を好転させる力を秘めています。なぜなら、あらゆることはプロセスの連鎖で成り立っているからです。

コンビニエンスストアで24時間商品を買えるというその裏には、商品が作られ、運ばれてくるプロセスが存在します。恋愛では、恋に落ちてから付き合うまで人それぞれのプロセスがあります。アルバイトでお金を稼ぐのも、社会人として仕事をして給料をもらうのも、やはりそのためのプロセスを経る必要があります。より根源的なところでいうと、人生は生まれてから死にゆくまでの雄大なプロセスです。このように考えれば、物事をより良く変えるには、その過程に存在するいずれかのプロセスを改善し、生みだす価値を高めればいいと分かります。

こうして一度プロセスを改善すれば、その効果はずっと持続していきます。これはいわば根本療法であり、その場限りの対症療法とは異なります。

例えば私は長年、高血圧であり、降圧剤を飲み続けていました。降圧剤で血圧を下げるというのは、いわゆる対症療法です。私のなかにも「なぜ血圧が上がるのかという原因を探し、対処しなければならない」という思いはありつつも、それを追求する時間がとれないままずっと薬を飲み続けていました。しかしＢＰＭの概念の基で10キロのダイエットを行ったところ、その副次的な効果として血圧が下がったのです。私のダイエット法として、糖質をある程度抑えつつバランスの良い食事をするというものがありましたが、それこそが血圧が改善した原因であったと思います。

そこから逆説的に、私は血圧が上がる原因となるプロセスの連鎖を学びました。その具体的な流れは次のとおりです。

糖質を摂取する↓血糖値が上昇↓血糖値を下げるためにインスリンが分泌される↓交感神経が刺激される↓尿からのナトリウム再吸収が増大↓血中のナトリウム濃度が上がる↓ナトリウムが水をひきつけ体液量が増加する↓血圧が上がる

つまり過度な糖質の摂取こそが血圧の上昇を引き起こす原因であり、そのプロセスのコントロールが血圧を正常に保つ根本療法となるわけです。

私の場合には、ダイエットを通じてそれを知りましたが、BPMの概念に基づいて血圧上昇の原因と対策を追求していたら、最初から降圧剤を飲むことなく血圧を下げ、しかもそれを維持することができていたはずです。もちろん、時代（歳）の変化も考えなければなりません。私も、歳とともに身体の経年劣化に勝てなくなってきた実感があります。根本療法はそのときの最適解ですが、永久療法ではありません。正直、60歳となった今は、降圧剤のお世話になっているのも事実です。朝一錠ずつ飲んでいる現在の血圧は127〜85くらいで、下がもう少しどうにかなればと思っていますが、決して諦めてはいません。専門医ではないですが、日常生活で効果的なプロセスを発見するために、歳をとっても血圧の上昇を制御できないか常日頃から考えています。

このようにBPMは、日常生活のさまざまな事象にその効果を発揮する公式であり、すべての事象はBPM・プロセス思考で考えられると言い切れます。例えばシェアー博士は「ジャズはBPMだ」と述べています。ジャズはルールがないもの、即興、アドリブというイメージをもつ人も多いと思いますが、何の土台もなしにジャズは生まれません。即興はいくつかのハーモニーやリズム、パターン（＝ルール）を熟知して初めて成り立ちます。音楽理論の理解が必須とまではいいませんが、少なくとも感覚で理解したり練習したりしなくては、演奏はできないのです。また複数名で演奏する場合、各楽器の演奏者は楽譜という共通ルールをベースに即興を盛り込みます。ジャズでもビジネスでも何でも、ルールと個人の創造性の間でバランスをとることが必要だと、シェアー博士は言います。そんなBPMという公式の実践的な活用方法の基本ルールが、プロセス思考なのです。

なぜ私がBPMのとりこになったか

ＢＰＭは世界標準の考え方なのですが、残念ながら日本ではさほど知られていません。ビジネスの世界であっても有名とはいえないのですから、大学生なら聞いたことすらないという人が大半であると思います。そんな状況がずっと続いてきたなかで、そもそもなぜ私がＢＰＭと出合い、そのとりこになったのかといえば、前職と関係しています。

私はもともと、システムエンジニアとしてプログラミングを手掛けていました。

大学で情報工学を学び、当時は、システムが世の中を変えていくと考え１９８８年にＮＴＴに技術職として入社しました。お客さまの望むシステムをプログラミング言語で設計し、お客さまの喜ぶ顔を見ることにやりがいを感じていました。最先端技術を学んでいるという自分なりのプライドもあり、仕事は楽しかったです。

しかしその後、幅広い業務を一手に担うパッケージソフトが出てきて、システムをゼロから開発するという仕事は減っていきました。その性能の高さに私は舌を巻きましたが、それでもシステムが会社のあらゆる業務をやってくれるわけではなく、人間の作業はゼロにはならないため、システムと人をつなぐことが必要だと考えるようになりました。

１９９６年には、ＳＡＰというドイツの会社が提供するシステムの導入を手掛けましたが、そこで導入先の社長から、このシステムを入れて何が良くなったのかと問われ、即答できなかった自分に唖然としました。いくら良いシステムであっても、それを使って成果を出す人がいなければ当然ながら意味はありません。それをきっかけに、システム中心ではなくそれを使うユーザー、経営者といった人を中心に仕事を考えるように変えました。

人とシステムをつなぐためには、何か法則があるはずだ。あらゆるシステムの導入がうまくいくような公式を見つければきっと、今よりずっとお金を稼げるだろう。当時の私はそう考え、その定義や公式を探し求めていました。

そんな折、２００２年にヘッドハンティングの話があり、そこで人生が変わりました。転職の誘いを掛けてくれた企業こそ、当時シェアー博士が会長を務めていたＩＤＳ・シェアーＡＧ社の日本法人であり、それで私は初めてＢＰＭの概念と出合います。

そしてＢＰＭこそ私が探し求めていた公式であり、それを追求していけば間違いなく成功できると確信して転職を決意しました。

ただし当時の日本法人では、シェアー博士のＢＰＭメソッドを完全に理解して活用しているような人はほとんどいませんでした。当時、私がＢＰＭのトレーニングを行うと、受講者からは「ところでどうやって使うのか」や「うちの会社で必要なのはどれか」といった質問がよく出ました。確かにシェアー博士のメソッドは学術的な側面が強く、企業が実践するにはやや難しい概念でした。

特に日本では、プロセス思考の基礎教育がないことと、ＢＰＭの定義がないことをいいことに、それぞれの立場で勝手な解釈がまかり通っている現状があります。ちなみに、私が調べたＢＰＭに関連するグローバルスタンダードは図表５のとおりで、ここでも残念ながら統一されたグローバルスタンダードはありません。そこで私は、いつでも、どこでも、誰でも使えるような体系をつくろうと思い立ち、最終的にシェアー博士のＡＲＩＳメソッドにならい、ＢＰＭ活動を推進できる図表６の「BPM-QuickWin」を開発しました。

こうしてプログラマーからＢＰＭメソッドへと、私が提供するサービスは変化しましたが、それでもお客さまの喜ぶ顔を見たい、頼んで良かったと言われたいという思いは変わ

【図表5】

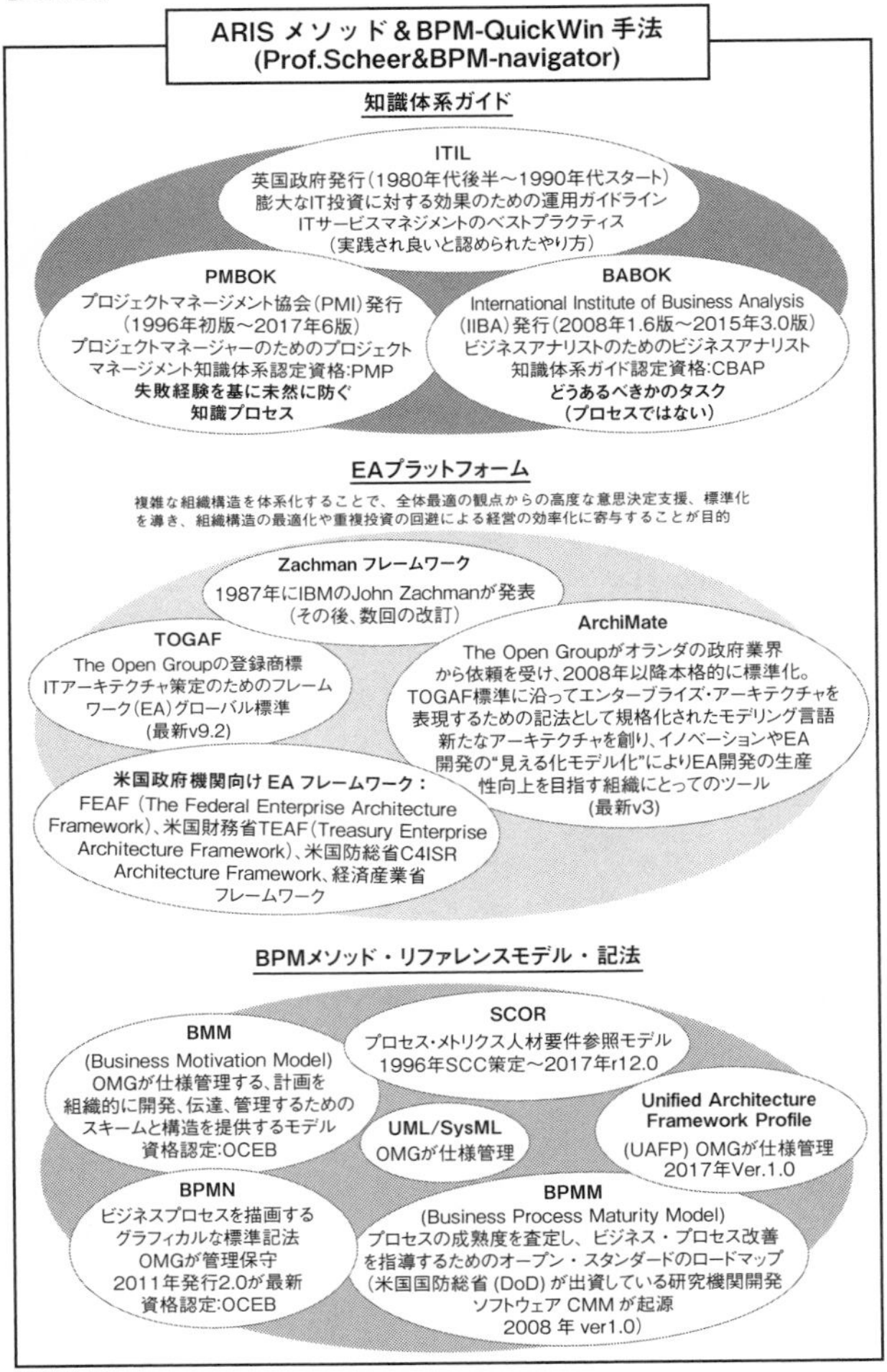
ARIS メソッド＆BPM-QuickWin 手法
(Prof.Scheer&BPM-navigator)
知識体系ガイド
ITIL
英国政府発行（1980年代後半～1990年代スタート）
膨大なIT投資に対する効果のための運用ガイドライン
ITサービスマネジメントのベストプラクティス
（実践され良いと認められたやり方）
PMBOK
プロジェクトマネージメント協会（PMI）発行
（1996年初版～2017年6版）
プロジェクトマネージャーのためのプロジェクト
マネージメント知識体系認定資格:PMP
失敗経験を基に未然に防ぐ
知識プロセス
BABOK
International Institute of Business Analysis
（IIBA）発行（2008年1.6版～2015年3.0版）
ビジネスアナリストのためのビジネスアナリスト
知識体系ガイド認定資格:CBAP
どうあるべきかのタスク
（プロセスではない）
EAプラットフォーム
複雑な組織構造を体系化することで、全体最適の観点からの高度な意思決定支援、標準化
を導き、組織構造の最適化や重複投資の回避による経営の効率化に寄与することが目的
Zachman フレームワーク
1987年にIBMのJohn Zachmanが発表
（その後、数回の改訂）
TOGAF
The Open Groupの登録商標
ITアーキテクチャ策定のためのフレーム
ワーク（EA）グローバル標準
（最新v9.2）
ArchiMate
The Open Groupがオランダの政府業界
から依頼を受け、2008年以降本格的に標準化。
TOGAF標準に沿ってエンタープライズ・アーキテクチャを
表現するための記法として規格化されたモデリング言語
新たなアーキテクチャを創り、イノベーションやEA
開発の"見える化モデル化"によりEA開発の生産
性向上を目指す組織にとってのツール
（最新v3）
米国政府機関向け EA フレームワーク：
FEAF（The Federal Enterprise Architecture
Framework）、米国財務省TEAF（Treasury Enterprise
Architecture Framework）、米国防総省C4ISR
Architecture Framework、経済産業省
フレームワーク
BPMメソッド・リファレンスモデル・記法
SCOR
プロセス・メトリクス人材要件参照モデル
1996年SCC策定～2017年r12.0
BMM
(Business Motivation Model)
OMGが仕様管理する、計画を
組織的に開発、伝達、管理するための
スキームと構造を提供するモデル
資格認定:OCEB
UML/SysML
OMGが仕様管理
Unified Architecture
Framework Profile
（UAFP）OMGが仕様管理
2017年Ver.1.0
BPMN
ビジネスプロセスを描画する
グラフィカルな標準記法
OMGが管理保守
2011年発行2.0が最新
資格認定:OCEB
BPMM
(Business Process Maturity Model)
プロセスの成熟度を査定し、ビジネス・プロセス改善
を指導するためのオープン・スタンダードのロードマップ
（米国国防総省 (DoD) が出資している研究機関開発
ソフトウェア CMM が起源
2008 年 ver1.0）

著者作成

【図表６】

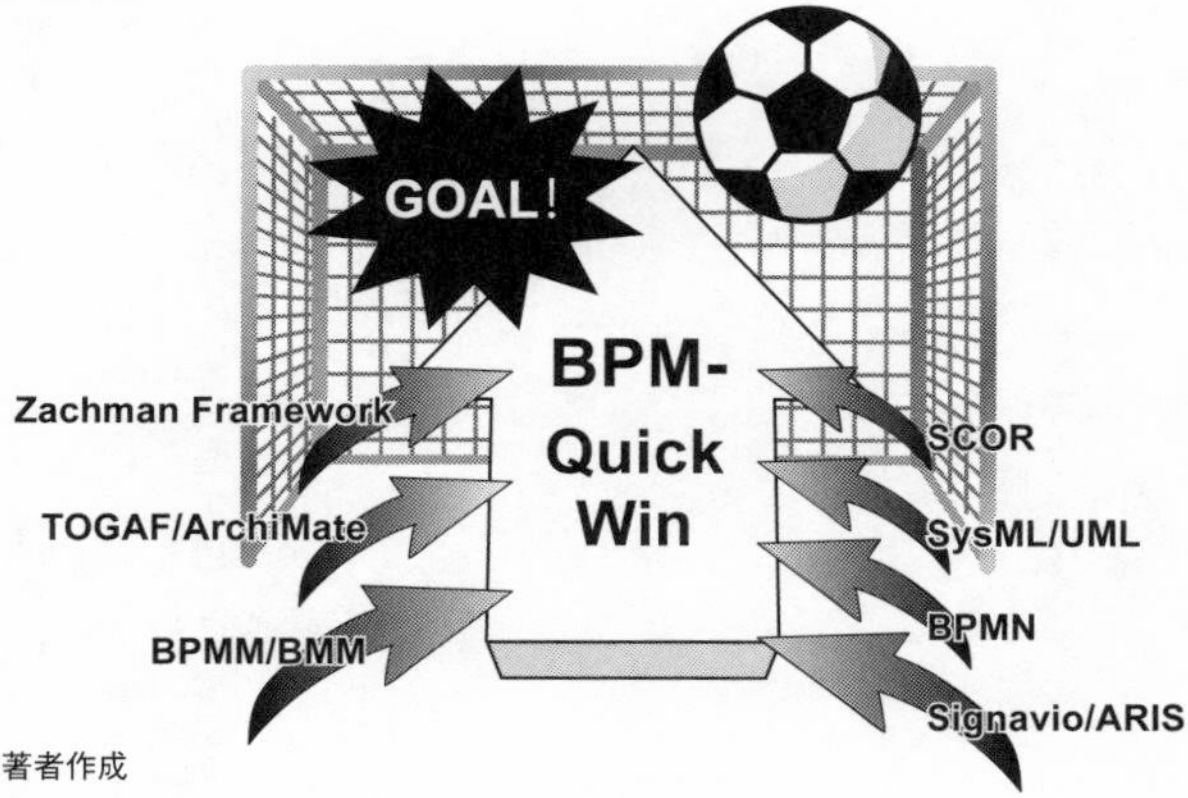

著者作成

りません。むしろプログラマーの時代よりも、もっと喜ばせたいという欲が生まれています。会社の特定の業務に合わせたプログラムの作成や修正がいわば対症療法であるのに対し、ＢＰＭは時にお客さまが気づいてすらいない課題を発見し、半永久的に修正するという根本療法です。その効果の大きさに驚き、感動するお客さまを見るのが、何よりの楽しみとなっています。

私は日常生活にもＢＰＭを取り入れ、さまざまな物事を改善してきました。その結果、明らかに人生が豊かになったと感じます。私にとってＢＰＭは、人生のバイブルです。人が悩みを解決し、幸せな生活を送るために必要な、普遍的な概念であると考えています。

そんなBPMに基づいてつくったプロセス思考の8ステップをぜひ実践し、幸せな人生を歩むための手引書としてほしいと願っています。そしてBMMも含めたこれらのグローバルスタンダードを理解し、正しく活用し、皆さんの創意工夫で価値を発揮することで、世界でゴールを決めることができると確信しています。

［第4章］

就職活動の成功、人間関係の構築、仕事とプライベートの両立……5つのケースで学ぶプロセス思考の実践例

実践！　プロセス思考

ここからは実践編として、プロセス思考の8ステップを身近な5つのケースに当てはめて、どのように活用していけばいいのかを解説していきたいと思います。

【ケース1】　就職活動がうまくいかない

就職活動は、大学生活で最もプレッシャーのかかる出来事の一つです。周囲の友人が次々と進路を決めていくなか、うまくいかないような状況になると、誰もが不安や焦燥感を覚えるものですし、不採用を告げる「お祈りメール」が届くたびに自分の存在が否定されたような気がして、辛い思いを抱くこともあると思います。

必死になって就職活動を行ってもうまくいかず、もうどうしていいか分からないと頭を抱えている、そんな人にこそプロセス思考を実践してほしいところです。物事がうまく進まないときには、必ずそのプロセスのどこかに不備や矛盾があります。それを突き止め、改善していけばいずれ目標を達成できるのは間違いありません。次の8ステップを参考に、やるべきことを一つひとつ積み重ねていきましょう。

ステップ① 現在の目標を書きだす

まずは就職活動の目的を定めます。ここで多くの人は、「大手ＩＴに入る」「一部上場企業を目指す」「公務員になる」というように、就職した時点で叶う目的を設定しがちです。しかし実はそれこそが、最初の躓きになる可能性があります。

就職活動にあたり、少しでも大きな会社に入って安定した収入を得たいという気持ちはよく分かります。ただ、どれほどの大企業であっても潰れることがあるというのは歴史が証明しています。世界中を席巻し栄華を誇っているように見える「ＧＡＦＡ（Google, Apple, Facebook〈現Meta〉, Amazon）」でも、AmazonやMetaで大規模な人員削減が行われましたし、今や大学生なら誰もが使っているTwitterの運営元では全従業員の約半数が解雇されるという異常事態となっています（２０２２年12月現在）。リストラは当然、業績が良ければ行う必要などありません。ＩＴ業界が大きな変革期に入っている証しです。

このような情勢を見れば、現在どれほど安定して見える企業であっても、未来は不透明であると分かるはずです。したがって就職活動の目的を「安定した会社に入る」としてしまうと、入社がゴールとなり、その先の未来でリストラや倒産という事態が起きても何もできず途方に暮れてしまうことになりかねません。

では目的をどのように設定するのかというと、就職したあとのその先を見て、自分が仕事を通じて実現したい未来を掲げるべきです。例えばＩＴ企業を目指すにしても、どういったジャンルのシステムに携わりたいか、それでどんな人の役に立ちたいのか、世の中をどう変えたいかという自らの未来への思いを起点として目的を設定し、そのうえで具体的数値目標を書くのです。

そうして自分のやりたいことや興味関心と職場を結びつけるというのが、「すばらしい会社と出合い、やりがいをもって働き続けられる」という就職活動の真のゴールへ向かうための第一歩となります。

ステップ② 目標の関係性を導き、優先順位をつける

仕事を通じて実現したい目標が一つだけであれば問題ないのですが、「営業にもサービス業にも興味がある」というように興味関心が複数にわたることもあると思います。その場合、それぞれ目標を立てて書きだしてほしいのですが、現実として複数の会社に就職はできませんから、優先順位をつけたうえで臨む必要が出てきます。

もし甲乙つけがたいと感じたなら、就職活動の定番である自己分析を見直してみると、そこにヒントがあることも少なくありません。幼い頃の夢や希望、影響を受けた人など、過去をさかのぼって考えていくと、自らの目標の原点に立ち返ることができるはずで、きっとより深い思い入れがあるのはどの目標かが浮かび上がってくると思います。また目標の関係性という点でいうと、目標によっては副業やプライベートな時間を費やすという形でも実現できるものが見つかる場合もあります。それは就職することと結びついているものですから、両立を目指すといいと思います。

ステップ③　目標達成までの大まかなプロセスを描く

目標が明確になったら、それを達成するためのプロセスをバリューチェーン図として描いてみます。

ここでもし就職自体が目標となっている場合、プロセスの図は「いつまでに履歴書提出」「この日に一次面接」などただのスケジュールに近いものとなり、有用とはいえません。この段階では、あくまで将来実現したいことを叶えるためのプロセスとしての就職について描くというのが大切です。

例えば「10年以内に新しい薬を開発し、難病に悩む子どもたちを救う」という目標があったとします。するとそのプロセスには、薬剤師の国家試験への合格が入ってくるはずです。また職場選びにおいては、創薬から製造、承認、販売までコントロールできるような仕事がしたいなら大企業を目指し、純粋に創薬だけをやりたいならバイオベンチャーも有力な選択肢となるはずで、そこに至るプロセスも変わってきます。それらに加え、当然ながら4年でしっかり大学を卒業するためのプロセスも出てくるでしょうし、インターンを行ったり、大学院でより専門的な知識を身につけてから就職したりといった新たなプロセスが発生することもあります。そのほかに、グローバルな活躍を目指すべく英語力を高めたり、留学したりといったプロセスも考えられます。

こうした目標への道は、ただ思い描いているのではなく、大まかにでも図として見える化するというのが極めて重要で、それによって頭が整理でき、不安や迷いが減ります。

ステップ④　自分の現状を整理する

プロセスのバリューチェーン図が描けたなら、それに対し自分の現状を整理します。先ほどの10年以内に新しい薬の開発という目標でいうなら、今の自分が薬剤師の国家資格に合格するにはどれほど勉強しなければならないか、自らの英語力を世界で通用するレベルに引き上げるにはどれくらい時間が必要かといった、理想と現状との間にあるギャップを明らかにしていきます。また自己分析は自らの強みや弱み、性質や価値観が分かるものであり、現状整理においても有用です。そこからプロセスごとの得意や不得意を明らかにしておきます。

そのほかに、自分の現在の大学生活を見直し、それを成り立たせるために欠かせないプロセスを洗いだしておくのも大切です。例えば単位の取得や、学費を稼ぐためのアルバイトなどは削ることのできない時間であり、それらをこなしながら就職活動を行うような計画にしなければならないからです。

ステップ⑤　客観的な意見を聞く

目標が定まり、就職活動と関連するプロセスや現状とのギャップが見えてきたら、そこで一度、他者の意見に耳を傾けます。自らのアウトプットに対し、家族や友人がどのような評価をするのか、客観的な立場からの意見をしっかりと取り入れ、独りよがりになるのを防ぎましょう。

せっかく話を聞くのですから、就職先の業界や興味のある企業の情報も集めたいところです。当然ながら、その業界や企業により近いポジションにいる人のほうがたくさんの情報をもっていますし、現実をよく知りそれを踏まえた評価をしてくれます。時に大学生では気づけないような値千金のアドバイスをくれることもあるはずです。

ただしだからといって、すべてを盲目的に受け入れていいわけではありません。ここで得られた客観的な意見はあくまで各プロセスを見直すための参考であり、最後は自分の意志でしっかりと判断する姿勢でいるのが重要です。

ステップ⑥　期限付きの具体的な目標を設定する

ここまでのステップで、すでにやるべきことは明確になっているはずです。あとはそれぞれのプロセスについて、具体的な数値目標を定めていきます。

そしてそのうちの一つが、就職であり希望する企業への入社です。就職活動に掛ける時間を定め、企業研究、面接対策といった準備をしていくと思いますが、この期限についても厳しめに設定し全力を尽くせるようにしておくと、万が一不採用となっても諦めがつきやすく、気持ちを切り替えて次に進めます。また、新たな会社を受ける際にもその経験が糧となり、採用率が高まるはずです。

こうして就職に関連した具体的目標を定めるほかに、そもそもの目的を叶えるための数値目標や、その他のプロセスにおける数値目標も併せて設定しておくのを忘れてはいけません。

ステップ⑦　手順を導き、実践する

具体的な数値目標の設定が終われば、あとは手順を定めて実践していくだけです。ただしいきなり手順を考えるのではなく、ここまでのステップを踏まえてＢＭＭのMeans（戦略、戦術、ポリシー、ルール）を整理してみましょう。Meansが固まったら手順をMeansに照らし合わせながら、いつ、どこで、誰が、何を、なぜ、どうやって、いくらで、という「５Ｗ２Ｈ」で具体的に記します。

就職活動のスケジュールを細かく落とし込み、日常生活に関わるプロセスも鑑みつつ、どの日に何をするのかをどんどん決め、やるべきことを明確にしていきます。それらを実践するにあたっては、いずれもただこなすのではなくより高みを目指し、「１２０％やりきった」といえるレベルまで磨こうという姿勢をもつのが肝心です。

就職活動をただ会社に入るための活動として終わらせず、社会を知る機会ととらえて全力を尽くしたなら、それにより自らの視野が開け、可能性の幅が広がります。

ステップ⑧　常にモニタリングし、修正する

就職活動は、すべてが実力で決まるというものではありません。会社のニーズや社会が求める人材がどんどん変化するなかで、たまたまそこにフィットする人もいれば、なかなかかみ合わない人もいますし、採用担当者との相性も無関係とはいえず、現実として運に左右される面もあります。いくらベストを尽くしても、結果が出ないこともあります。

ただ、だからといってすべてを運のせいにしてしまっては進歩がありません。不採用の通知が来たときこそ、プロセスを見直し修正する機会であり、どこに問題があったのかをしっかりと検証し、次の機会に活かすというのが重要です。

プロセスの修正にあたっては、どこに問題があるのかをあぶりだすためにも情報収集をすべきです。就職活動を担当する教授の意見を求めたり、すでに採用されている先輩から話を聞いたりして、客観的な目線も交えながら課題を見つけていくといいと思います。

【ケース2】　自分だけノルマが達成できない

営業職や販売職など、ノルマがついてまわる仕事はいくつもあります。社内の壁に個人の売上のグラフが張り出され、各人の達成度が一目瞭然という会社もあると思います。

ノルマが達成できないと、それが大きなプレッシャーとなります。本来であればノルマはあくまで一つの目安であり、自らの人間性や人格に関わるものではないのですが、皆が達成しているのに自分だけそれができないとなると、精神的に追い詰められてしまいがちです。

そうした際、自らを責める前にやるべきことが、プロセス思考です。周囲の人々はこなせているのに自分だけノルマが達成できないなら、本人の能力の問題というよりも、そのプロセスに課題がある可能性が高いといえます。そこさえ修正できればすぐに結果を出せることもあるのです。

ステップ① 現在の目標を書きだす

このようなケースでは、ともすれば何も考えず「日々のノルマ達成」を目標に据えてしまいがちですが、ノルマとはあくまで会社側が設定したものであり、それを仕事をするうえでの目標としても、モチベーションを長く保つことは難しいと思います。

プロセス思考においては、ノルマという他者の決めた目標ではなく、まずは自分が仕事を通じて成し遂げたいこと、目指したいものという自発的な目標を据えます。

例えば保険の営業という仕事に就き、お客さまの喜ぶ顔にやりがいを感じたとします。そこで自分の仕事の意義は、保険という商品を通じお客さまの将来の安心や未来への希望を支えることだと理解し、「仕事を通じお客さまの人生に寄り添い、支える」という目的を定めたうえで具体的な目標を考えるということが、ここでいう目標の立て方の一つです。

こうして自らの内に真の目的をもつことで、ノルマをはじめとした目の前の数字に振り回されることが減ります。社会人としてノルマは確かに無視できませんが、結局それは真の目的を叶えるための手段、通過点にすぎないと理解できるからです。

ステップ② 目標の関係性を導き、優先順位をつける

仕事において目指すべき目標が明らかになったら、ほかの目標との関係性を考えてみます。とにかく一つの目標にすべてを注ぐという場合はシンプルですが、ほかに仕事で叶えたい目標や、プライベートで目指していることなどがあるなら、それぞれの関わりを踏ま

えたうえで優先順位をつけなければなりません。例えば仕事に邁進するなら休日でも自らのスキルアップに時間を使うでしょうし、反対にプライベートでの目標が最重要なら仕事から帰ったあとにもできることが見つかることもあります。

なおこのケースでは、ノルマが達成できないという悩みを抱えているので、ひとまず仕事を最優先にしたいと思います。

ステップ③　目標達成までの大まかなプロセスを描く

目標を整理できたなら、それを達成するためのプロセスをイメージし、バリューチェーン図で表します。

保険の営業職で「5年以内に仕事を通じお客さまの人生に寄り添える営業になる」という目標を立てたとして、まずは保険に関する幅広い知識がなければ話になりませんから、その勉強のプロセスは欠かせないものです。また、保険会社の多くにはマニュアルが存在します。それは先人たちが膨大な経験のなかで作り上げてきた、新人にとって最も効率の良い営業のノウハウが書かれた教科書であり、営業の基礎となるものですから、その徹底した理解を目指すというプロセスが必要な場合もあります。

そのほかに、先輩の営業マンとコネクションをつくってノウハウを学んだり、自分の思いをしっかりと伝えるプレゼンテーション術を身につけたりと、さまざまなプロセスが出てくると思います。こうしたプロセスのすべては営業職として成長するためのものであり、それに対する努力をすれば自然とノルマを達成できる実力がついてくるはずです。

ステップ④　自分の現状を整理する

続いて、現状を分析します。特に自分だけノルマが達成できていないような状況であれば、周囲の人は当たり前にやっているけれど自分は軽視しているようなプロセスが存在するケースが多くあります。例えば、マニュアルをしっかりと頭に入れているか、社会人としての言葉遣いは適切か、身だしなみに清潔感はあるかというように、仕事をするうえでの基礎的なプロセスを無視していないか現状を整理してほしいと思います。

また、ステップ①で書きだしたすべての目標に対し、仕事を最優先としたうえで今の自分が必要なプロセスを実行していけるかどうかを検討しておく必要があります。

ステップ⑤　客観的な意見を聞く

ここまではすべて主観に基づいて判断を行ってきましたが、ここで客観性を得るために他者の意見を取り入れます。

親しい人や尊敬する先輩を中心に、自らの目標や達成のためのプロセスについて相談し、意見を聞きましょう。

営業なら、本人のキャラクターや人に与える印象、しゃべり方などは、自分よりも他者のほうがよく分かっているものです。時には、日頃の何気ない習慣や無意識の癖が仕事にマイナスに作用している場合もありますから、ぜひ忌憚のない話を引きだしたいところです。

そうして集めた意見を参考に改めて見直したうえで、最終的には自分で「この目標を、このようなプロセスで目指そう」と決定します。

ステップ⑥　期限付きの具体的な目標を設定する

具体的な数値目標の設定は、プロセス思考のなかでも最も重要なフェーズの一つであり、それで一気に目標が具体化します。

営業職の場合には、訪問件数や契約本数といった数値として表せる指標が複数ありますが、そうした指標を積み上げてトップセールスを目指したその先に、目標があることが多いです。なぜなら商品を販売した実績の分だけ、商品を通じてお客さまを幸せにしたといえるからです。

とはいえいきなり仕事をするうえでの最終目標が叶うわけではありませんから、まずはそれに至るための各プロセスを達成することを目指すことになります。ノルマの達成もその一つといえます。

ステップ⑦　手順を導き、実践する

ここからノルマ達成のためのＢＭＭのMeans（戦略、戦術、ポリシー、ルール）を整理したうえで、プロセスの手順を具体的に定め、実行していきます。

営業職なら、新人のうちからお客さまとの予定でスケジュール帳が真っ黒になることはあまりないと思います。お客さまと会う時間以外をいかに有効に使い、各プロセスにおける手順を全うするかが業績アップの鍵となります。

これはノルマ達成にもいえることですが、最初から会社が定めた数字を目指してしまえば、想定外の出来事が一つ起きただけで達成が難しくなりがちです。具体的な数値目標はノルマよりも高く設定するというのが、確実に達成するためのポイントです。これも一つの戦略といえます。そのためには当然ながら、より努力をする必要がありますが、闇雲な努力ではなく、Means（戦略、戦術、ポリシー、ルール）を駆使してください。それを繰り返してこそ早く実力がつき、その分目標に近づけると考えて、手を抜かずに取り組んでほしいと思います。

ステップ⑧　常にモニタリングし、修正する

プロセスを整理し、手順を細かく定めて万全の態勢で臨んだとしても、すべてが計画どおりに進むとは限りません。むしろ予定にはないようなハプニングが起き、壁にぶつかることのほうが多いです。

そうした際にいち早く手を打ち、プロセスの改善に取り組むためには、日頃から自らの行動と結果をモニタリングしておくことが大切です。例えば営業職なら、「このアプロー

チを選択したときには契約率が下がる」「商品のこの部分についての問い合わせが多い」といった傾向が把握できれば、プロセス改善の大きなヒントになります。

自分がどんな戦略でどのように行動し、それがどんな結果を引き起こしたかという事実を常に記録しておく習慣をつけたいところです。

【ケース3】 上司との関係づくりがうまくいかない

社会に出ても、人間関係がうまくいかず悩む人は多くいます。

特に仕事において、上司との関係は望む望まざるにかかわらず生じるものであり、良好な間柄を保ちたいものですが、うまくコミュニケーションが取れずに苦労している人も少なくありません。

本来であれば、同じ組織のなかでともに成果を目指す仲間であるはずの上司と部下という関係性が悩みの種となる背景には、世代による価値観の違いなどさまざまな要因があるでしょうが、いずれにしてもそれで仕事のパフォーマンスが落ちてしまえば、お互いに損をします。

上司との関係づくりがうまくいかず、「もしかして嫌われてしまったかも」と思うこともあるかもしれませんが、部下に対する個人的な感情が仕事に影響するような人は上司失格であり、実際には好き嫌いという感情はさておき、協同で仕事を進められるような人が管理職となっているはずです。そうした仕事上の関係性であれば、プロセスに着目し改善することで良好に変えられる可能性が高いです。

ステップ① 現在の目標を書きだす

まずはケース2と同じように、現在の目標を書きだすことから始めます。

自らが仕事を通じて実現したい目標をすべての起点として、その延長上で上司との関係も考えていくというのがプロセス思考の進め方です。

ただ、ケース2が「ノルマの達成」という個人的な課題を扱っているのに対し、このケース3は、上司という特定の第三者が関与する課題となっているのが大きな違いです。

そこで重要なのは、相手の立場に立った分析です。人間関係の問題は基本的に自分の内面だけで解決できるものではなく、相手の気持ちや立場を理解するというのが一つの鍵となります。目標についても、自分だけではなく相手も考慮すべきです。

想像で構わないので、上司は仕事で何を目標としているかもイメージして、書きだしてみましょう。

ステップ② 目標の関係性を導き、優先順位をつける

続いて、目標の関係性と優先順位の評価となりますが、ここでも上司から見た視点を取り入れながら進めます。自らの目標と、上司が目指す目標がどのような関係性にあるかということを考えねばなりません。

例えば、自らの目標が「お客さまの喜び」にあり、上司は「チームとしての成績を上げる」というやや目先の成果にこだわっていると考えたとします。本来であれば、顧客満足度が高まるほど組織としての成果も上がりやすくなるため、二つの目標の間に矛盾は生じないはずです。

自分と上司の目標があまりにかけ離れたものだと、実質的には上司の目標を優先しなけ

れば関係性の改善は難しいでしょうが、同じ組織で、同様の成果を目指しているわけですから、よく考えれば結局のところは上司と目標が近いということに気づくケースがほとんどです。それなのに上司との関係性がうまくいっていないというなら、目標達成のためのプロセスの違いに課題が潜んでいる可能性が高いです。もしかしたら、プロセス以前に、ＢＭＭのMeans（戦略、戦術、ポリシー、ルール）が違っているのかもしれません。

ステップ③　目標達成までの大まかなプロセスを描く

目標達成のためのプロセスを想定し、バリューチェーン図としてまとめる際にも、自分のものに加えて上司についても想像がつく限り書いてみます。そして自らのバリューチェーン図と上司の図を比べれば、プロセスが違う部分が明らかになると思います。

なぜなら、自分のプロセスが主に自らの目標を叶えるためのものであるのに対し、上司のプロセスはチームや組織としての目標達成を優先して組み立てられているケースが多いからです。

たとえ目標が同じであってもそこに至るためのプロセスが異なれば、手段の選び方や仕事の進め方にも相違が生まれます。「自分は目標のためにこう行動したい。しかし上司は自らの目標に基づき、部下には違った行動を望む」というずれが、上司との関係性がうまくいかない原因となっていることもあります。

ステップ④　自分の現状を整理する

自分と上司とのプロセスの違いが把握できたら、続いて現状について分析します。

関係性を改善しようと思うなら、自分の目標達成ばかりを優先せずに上司の目標に沿う形にプロセスを変える必要があることも少なくありません。また、自分を押し通してでも守りたいプロセスと、妥協すれば変更可能なプロセスがあると思います。

営業職で考えるなら、例えば自分の目標が「5年以内に仕事を通じお客さまの人生に寄り添える営業になる」というものであり、上司は「チームとしての数字を最優先に考え、1年以内に会社から管理者として評価される」ことを望んでいたとします。この場合、お客さまをないがしろにしてでも数字を取るようなやや強引な営業を行うというプロセスは、自分にとって受け入れがたいものだと思います。しかしお客さまを満足させ、それをしっかり数字につなげるというプロセスであれば、問題なく組み込めるはずです。そうして上司の希望をある程度反映する形にプロセスを調整する工夫が求められます。

ステップ⑤　客観的な意見を聞く

客観的な意見を集める際、話を聞く相手として第一候補になるのが、同じ部署内にいる同僚や先輩です。二人分の目標やプロセスについて相談することになりますから、自らと親しく、かつ上司についても理解しているような人が理想的です。

もし可能であれば上司と同じ立場にある人にも話を聞けると、より相手の立場に立ってプロセス思考を進めていくことができるようになり、問題解消の可能性が高まります。

質問にあたっては、上司と自分の関係性が他者からはどのように見えているかの確認を忘れてはいけません。そこで「明らかにこじれている」と判断されているようなら、周囲にも気を使わせて悪影響を与えかねませんから、早急な改善が必要となります。

ステップ⑥　期限付きの具体的な目標を設定する

自らの目標を叶えるため、プロセスごとに具体的な数値目標を設けていくにあたっても、上司との関係性を考慮しなければなりません。ケース2で取り上げたノルマなどはその典型ですが、上司は部下を管理するために具体的な数値目標を課してくることが多いです。それがよほど根拠のない数字でもない限りは、従わねばなりません。

したがって個人的な目標の達成を目指す際にも、上司の指示は基本的に無視できないものとして扱い、それも織り込んだうえで具体的な数値目標を検討する必要があります。そうすればプロセスを全うすると自然に上司の要望を満たす形になり、上司との関係性の改善へとつながっていくはずです。

ステップ⑦　手順を導き、実践する

具体的な数値目標が決まり、ＢＭＭのMeans（戦略、戦術、ポリシー、ルール）を上司とすりあわせたあとも、達成のための手順を定めていくうえで上司の存在を抜きにすることはできません。特に、上司への報告、連絡、相談という手順については、相手の求める頻度や形式を優先して手順に組み込むべきです。そういったコミュニケーションのタイミングについても具体的な日時としてスケジュールに入れておくと、忘れることなく実践できます。

せっかくコミュニケーションを取るなら、業務的に淡々とこなすよりも、相手の思いや考えを汲み取る努力をするといいと思います。そうして上司のことを理解するほど、関係修復のために最適なプロセスや手段が選べるようになるはずです。

ステップ⑧　常にモニタリングし、修正する

日頃から自らの行動と結果をモニタリングし、必要であればプロセスの改善に取り組むという基本は変わりませんが、それを一人だけで実施するのではなく、上司にも適時連絡や相談をして巻き込んでいくことが大切です。そうして自主的に仕事をよりよく改善する姿勢を見せることで上司からの信頼が得られれば、関係が好転するきっかけともなります。

また、上司との関係自体についてもモニタリングしていく必要があります。自分のポジションや上司から求められる役割が変われば、関係性も変化します。それに合わせてプロ

セスを見直し、修正していきましょう。

【ケース4】 仕事とプライベートが両立できない

働き方改革に注目が集まり、ワークライフバランスという言葉がよく聞かれるようになってしばらく経ちます。リモートワークをはじめとしたＩＴ技術を活用し、プライベートの時間を上手に確保する人がいる一方で、まだそれほどの余裕がもてない新入社員などは、仕事とプライベートの両立ができず悩んでいることもあります。

働く時間の調整が比較的容易なアルバイトであれば、自分の都合に合わせてプライベートの時間を確保しやすいですが、正社員として社会に出るとそうはいきません。基本的には会社の勤務体系に従い、働く時間や休日が定められ、いわば会社の都合をより優先する形で仕事をしていくのが一般的です。だからこそ、プライベートの時間がうまく取れず、仕事とのバランスに悩む人がいるのです。

ただ、仕事とプライベートの両立は、突き詰めればそれぞれのプロセスをいかにうまく組み合わせるかという問題にすぎません。プロセス思考により自分にとって最適なバランスを見つけることは可能です。

ステップ①　現在の目標を書きだす

ケース3では、上司と自分との関係においてそれぞれの目標を書きだしましたが、このケース4はさらにそれを発展させ、複数の立場からの目標を考慮する必要があります。

自らについては、仕事とプライベートの目標を両方、書きだします。他者としては、上司、そして会社自体の方針という仕事関連に加え、プライベートに深く関わる人々、例えば家族や親しい友人についても同様にそれぞれの領域での目標を書きだします。

なぜこのように複数の目標を検討しなければならないかというと、社会とは人とのつながりにより成り立っており、他者を無視して自らの人生を充実させることはできないからです。

ステップ②　目標の関係性を導き、優先順位をつける

ステップ①で書きだされた目標に対し、その関係性を考慮して優先順位をつけていきます。ここでともすれば、深く考えずに自分の目標を最優先に定めてしまうかもしれません。しかし、もし子どもがいてその幸せを願うなら子どもの目標を優先的に考えたり、ひとまず仕事をスムーズに進めるべく上司や会社の目標をメインに据えたりと、他者の優先順位が高くなることもあるはずなので、慎重に検討したいところです。

1日は24時間しかありません。そのなかで、例えばプライベートに時間を割きたいなら、おのずといかに仕事の効率を上げて時間を捻出するかを考える必要がでてきます。目標の優先順位こそ、このあとのステップの在り方を左右する重要なものです。

ステップ③ 目標達成までの大まかなプロセスを描く

目標を達成するために必要なプロセスをバリューチェーン図にするこのステップにおいても、自分だけのものを行うのではなく、書きだしたすべての目標に対し図を作るようにします。そうして仕事とプライベートに影響を与えるプロセスを多角的に検討することが、より現実的な改善案を生みだすためのポイントといえます。

また、ここで各プロセスとのつながりも見えてくるはずです。仕事なら会社の方針や上司の指示の背景にあるプロセスと、自らの業務が密接に結びついているでしょうし、プライベートも、家族や友人の生き方や思いを無視するようではうまくいかないものです。

このように複数の目標のバリューチェーン図を描くと、どれとどれなら並行してできるかという現実的な可能性がより具体的に把握できます。

ステップ④　自分の現状を整理する

続いて、現状分析です。

自らがおかれている状況の再確認や、自分にとって欠かせないプロセスの洗いだし、自己分析などを行って、仕事とプライベートの割合がどのようになっているのかを見直し、理想とのギャップを知ります。

各プロセスの関連性を意識したうえで現状を鑑みれば、「優先順位が低いはずのプロセスに多くの時間が割かれ、本当に求められていることができていない」など、そこに潜む矛盾にも気づける可能性もあります。

ステップ⑤　客観的な意見を聞く

自らの脳内がひととおり整理できたなら、独りよがりで終わらないためにも他者の客観的な目線を取り入れます。

仕事とプライベートのそれぞれで関係の深い相手を選び、目標や各プロセスに対する意見を募ります。この際、ステップ①で書きだした人であれば、自らのイメージで書いた目標やプロセスがあっているかのすり合わせにもなり、より精度が高まります。

それだけではなく、例えば仕事の同僚や趣味仲間など、ステップ①では漏れているような立場の人にも話を聞くと、さらに俯瞰的な意見が聞けるはずです。

かなり幅広く意見を集めることになりますが、そのどれかに振り回されることなく、最終的には自分が判断するという姿勢を忘れないようにしたいところです。

ステップ⑥　期限付きの具体的な目標を設定する

目標に向かいプロセスごとの具体的な数値目標を決めますが、ここでも周囲の人々の在り方を無視してはいけません。

仕事とプライベート、それぞれでつながっている相手の目標や、そこに向かうプロセスを考慮し、自らのそれとできる限り矛盾しないよう意識しつつ、現実的に達成可能な数値目標を定めます。その配慮によって、周囲の人間関係を良好に維持したまま目標を目指すことができるのです。

ただし達成可能とはいっても、簡単にできてしまうような目標では意味がありません。全力を尽くしてようやく達成できるような数値目標にするのが理想的です。

ステップ⑦　手順を導き、実践する

ここでいよいよ、仕事とプライベートを両立させるための行動を定めていきます。ここでもまずMeans（戦略、戦術、ポリシー、ルール）の観点から考えてください。

仕事では何をどれだけ行い、プライベートのどんなことに力を注ぐのか、具体的に決めたうえで手順としてスケジュールに落とし込んでいきます。その際に、周囲の人々との適切な関わりを意識し、相手がいることについてはその目標やプロセスも確認したうえで、

それを尊重するようなコミュニケーションの頻度やタイミングを計るとよいと思います。

理想としては、仕事もプライベートも全力で取り組んで、1日をフルに使って過ごせるようになるといいと思います。ここまでくると、仕事とプライベートのバランスを意識せずとも、自然に目標に向かっていけるようになり、精神的なストレスは減っているはずです。

ステップ⑧　常にモニタリングし、修正する

多くの人の目標を想定しながら動くほど、想定外の出来事は起きやすくなります。相手の立場が少し変わるだけで、プロセスも変化します。したがって状況を常にモニタリングし、すぐに変化に対応してプロセスを修正できる状態にしておくのが大切です。

計画の維持や確実な実行というのは、あくまでも目標達成のための手段にすぎません。計画を守るという行為自体が目的化し、それに固執することで周囲にマイナスの影響を及ぼしては、意味がありません。

あくまで目標を安易に下げないという前提においてですが、計画は柔軟に修正し、よりよい形を模索しながら進めていくとよいと思います。

【ケース5】　いつかは結婚したいけれどビジョンが描けない

国立社会保障・人口問題研究所の調査によると、結婚に関して独身で「一生するつもりはない」と答えた人の割合が過去最大になるなど、結婚観が変わってきていますが、一方でいつかは結婚したいと思っている人もまだ多くいます。

大学生のうちはまだリアリティがなくとも、年齢を重ね、例えば周りの友達がどんどん結婚していったり、親からそれとなく促されたり、付き合っている相手から切り出されたりするようになり、次第にリアリティを帯びてくるものです。

ただ、どんなときでも結婚に対する不安や疑問はついてまわります。そもそも自分は結婚に向いているのか、今が楽しいのに結婚をする必要があるか、果たして一人の相手と一生寄り添うことができるのか、子どもはどうするのか、家は、お金は……というように、結婚をした先にある未来のビジョンを描けない人がほとんどでしょう。

そんな結婚への不安の処方箋となるのが、プロセス思考です。結婚を望むなら、それを人生における一つのプロセスととらえて対処していけば、悩みや迷いが減るはずです。

ステップ①　現在の目標を書きだす

これまでのケースと同様に、まずは目的、そして目標を書きだすことから始めます。結婚そのものをゴールに据えるのではなく、結婚を通じてどんな人生を歩みたいか、人生で何を成し遂げたいかという本質的な目的を定めることが重要です。その目的を達成するために自らの複数の目標があっても問題ありません。

結婚に関わる相手として、当然のことながらパートナーの存在が第一です。そのほかに家族にも、それぞれ思い描く結婚観をもっているかもしれません。せっかくなら家族に快く結婚を祝福してほしいですから、特に自分と関わりの深い家族についてもその人生で目指しているであろう目標を記します。そのほかに、パートナーの家族の影響も受けるはずですから、できる限り書き出してみます。

なおパートナーがいない場合には、これまで付き合ってきた人や、自分の周囲にいる結婚する可能性がゼロではない人々を参考に架空のペルソナを想定します。ここで想像のみで自らの理想とするペルソナを作ってしまうと、それは自己投影と変わらず比較対象として機能しないので、あくまで現実の存在を基にペルソナを構築していくのがポイントといえます。

ステップ②　目標の関係性を導き、優先順位をつける

各自の目標がある程度出揃ってきたなら、その関係性を把握したうえで優先順位をつけるということは同じです。

自分の人生観、結婚観が第一、と据えたいところでしょうが、現実はそうシンプルにはいきません。結婚においては、相手の人生観、結婚観もまた、自分のそれと同じように優先順位の高いものです。なぜなら、相手の協力を得ずして結婚生活は成り立たないからです。

自らと相手とでどうしても譲れない目標があり、その両立が不可能なものであるなら、結婚自体を再考する必要があります。

また、親との関係も大切にしたいなら親の目標や思いをむげにしてはいけません。それを最優先にすることはないと思いますが、結婚後も親との関係を良好に保つには、その希望もある程度汲み取るという姿勢が求められます。

ステップ③　目標達成までの大まかなプロセスを描く

ここでも、自分だけではなく書きだしたすべての目標に対してプロセスを導き、バリューチェーン図にしていきます。

そうすることで人生を歩むうえでの結婚の位置づけや、何のために結婚すべきかという価値がある程度浮かび上がってくるはずです。

同時に、パートナーや周囲の人々との関係性も考慮したうえで、どのプロセスを並行して進めていくべきかが明らかになります。例えば両親が「元気なうちに孫の顔を見たい」という願いをもっていて、それを叶えたいのであれば、結婚までの期間をできるだけ短くすべく、相手の両親との関係づくりや結婚式の準備といったプロセスを並行してこなす必要が出てくるかもしれません。また、パートナーに「子どもは3人欲しい」という希望があり自らも賛同したなら、2人の人生における目標に向かうプロセスを照らし合わせて、どのタイミングでどのようにそれを実現するかを考えるべきです。

ここまでくると、自分が実現したい結婚の全体像がおぼろげながら見えてくると思います。

ステップ④　自分の現状を整理する

現状の分析と整理も、ケース3や4と同じ要領です。

自らの状況を把握し、生活で欠かせないプロセスを明らかにしたうえで、目標とのギャップや、その解消のためにはどんなプロセスが必要かを考えていきます。

また、自分が理想とするパートナーや周囲の人々との関係と、現実との差についても検討しておくべきです。結婚というプロセスを全うしようと思ったら、変えるべき点も出てくると思います。例えばパートナーの両親の結婚観と自らのそれが著しくずれているなら、反対される可能性が出てきます。その差を埋め、妥協点を探るべく、よりコミュニケーションを深めるプロセスが必要になるかもしれません。

まずはありのままの関係性をできる限り明らかにして、その現実を直視するのがこのステップのポイントとなります。

ステップ⑤　客観的な意見を聞く

結婚観というのは基本的に自分中心のものであり、そればかりを追求してはなかなか結婚にたどり着きません。パートナーはもちろん、周囲の人々の意見に耳を傾けるというのは、独りよがりにならないためにも大切なステップです。

客観的な意見を取り入れる相手としては、「結婚式をするなら呼ぶであろう人物」というのを一つの目安にするのも一つの手です。もちろんそのすべてから意見を集めるのは難しいので、何人かに絞り込んだうえで話を聞いてみます。

なお、もし関係性がうまくいっているなら、良い見本の一つとなるのが両親です。結婚観や人生の目標などはきっと自分と異なるかもしれませんが、それでも最も身近な存在が結婚をどうとらえ、どのように過ごしてきたかというのは大いに参考になると思います。可能であればパートナーの両親の意見まで聞くことができたなら　さらに精度が高まりますので、それらを判断材料に目標やプロセスを見直します。

ステップ⑥　期限付きの具体的な目標を設定する

プロセスごとに期限を設け、具体的数値目標を設定していくこのステップにおいて、まず重要なのが相手の目標やプロセスです。

もしそれが自らのプランと矛盾してしまうようなら、並行して進めるのが不可能になりますから、どうしても譲れないこと以外はある程度妥協をしながら、両立できる数値目標を設定していきます。一方で、相手からの妥協を引きだせる部分もあるかもしれませんので、ステップ②と③を見直し、目標やプロセスの優先順位を確認してほしいと思います。

パートナー以外の人々についても同様で、特に互いの両親については配慮が必要になりますので、独りよがりの数値目標にならぬよう気をつけます。

ステップ⑦　手順を導き、実践する

結婚というプロセスを達成するための具体的な手順を定めるにあたっては、やはりパートナーや周囲の人々の在り方も含めて、取るべき行動を決めねばなりません。

人生の目標に対し、結婚というプロセスが最大限の価値をもたらすように、Means（戦略、戦術、ポリシー、ルール）を考え、Meansに基づく必要な手順をスケジュールに落とし込み、実行していきます。ここには当然、どのタイミングで籍を入れ、結婚式を行うかといった話も含まれます。現在、パートナーがいない場合でも、ここまでのステップを基に具体的な日時を決めることが大切です。

なお特に重要なのは関わる人々とのコミュニケーションであり、その機会を計画的に設け、互いに理解を深めるというプロセスは欠かせないものといえます。面倒がらずにこつこつと絆を作っていくことで、結婚によって得られる価値がより大きくなるのは間違いありません。

ステップ⑧　常にモニタリングし、修正する

これまでに経験のない、結婚という人生の一大事へ向けて歩んでいくなかで、予想外の出来事は100％起きるものと考えておくべきです。プロセスをたどり手順を実践した結

果、どのような成果や変化があったかを常にモニタリングしておくことが、壁に当たったときのプロセス改善のよすがとなります。

特にまだ見ぬパートナーを想像してここまでのステップをたどってきた場合には、その後どのような相手と出会うかによって結婚までのプロセスは大きく変化します。それに対しては、一度ステップ①や②に立ち返り、柔軟にプロセスを見直していきます。また、つらい失恋であってもモニタリングを続けていれば、なぜその恋がうまくいかなかったのか、自分のどんなところを改善すればいいかという反省ができます。その経験が、まだ見ぬ運命の出会いへの備えとなりますから、前向きな心で進んでいってほしいと思います。そうして何度もこの8ステップを繰り返すことで、全体がより洗練され、目標達成の可能性が高まっていくのです。

［第5章］

プロセス思考を学生のうちに身につければ、理想の人生が手に入る

なぜ海外には残業する人がいないのか

プロセス思考を身につけるのは、できる限り早いほうが人生がより豊かになります。社会に出る前に習慣化できればそれが強力な武器となりますから、ぜひ身につけてほしいと思います。例えば社会人になって仕事をするときに、人よりも短時間で成果を出せる可能性が高まります。プロセス思考が、仕事の生産性を高めてくれるのです。

論より証拠ということで、ここでプロセス思考やＢＰＭの概念がすでに一般化している、海外に目を向けてみます。

海外には基本的に残業の概念がないというと、会社勤めの人の多くが驚きますが、大学生にはあまりピンとこないかもしれません。日本では以前から、仕事が終わらないなら残業をするのが当たり前という風潮がありました。近年の働き方改革によってようやく残業は減少傾向にありますが、それでも繁忙期などにはまだまだ多くの会社で残業が日常化していると感じます。

それに比べて海外では、たとえわずかな時間でも残業はしないというのが当たり前の感覚となっています。例えば私がヨーロッパのとある工場を訪れたときのことです。ちょうど昼時で、12時を告げるチャイムが鳴った瞬間、そこで働く従業員は一斉に手を止め、工場から出ていきました。そのあとを見ると、ドライバーが差し込まれたままの機械や、回しかけのボルトなどが残っていることに大いに驚きました。

日本人の感覚としては、あと数十秒で終わるような作業なら済ませてから昼休みに入るほうが気分がいいと思いますが、海外ではそれよりも残業をしないことに重きをおいて考える人がほとんどなのです。

とはいえ日本でも、好きで残業をしている人はそう多くないと思います。自らに課せられた仕事が終わらなかったり、会社全体が忙しかったりするなかで、やむなくこなしているというのが正直なところではないかと思います。

では海外では、仕事が予定どおり終わらない、忙しいといった場合に、どんな対応をしているのかというと、そうしたことが起きないようにあらかじめ管理されています。もし予測と狂ったならば、その時点で管理者が責任を問われます。残業を出さないように仕事を終わらせるべく、人的リソースを配分することもマネージャーの仕事となっているのです。

そして仕事の管理に活用されているものこそプロセス思考であり、作業の各プロセスを磨き上げ、あらゆる仕事が予定どおりに終わる状況を作っています。これは言い換えれば、プロセス思考で生産性を高め、より短時間で高い価値を生みだすことができているということです。だからこそアメリカやヨーロッパの国々は、残業をしてまで働く人が多い日本と同等以上の成果を残し、経済成長を続けているのです。

海外では、義務教育でプロセス思考の基礎を教える

私はよく海外ではすでに当たり前に活用されているプロセス思考が、なぜ日本では広まっていないのかについて考えますが、その一端は、教育の違いにあると感じます。

日本の教育は、全員が同じレベルで進んでいくというのが前提となっています。授業でも全教科を平均的に伸ばすことに注力し、頻繁に行われるテストも幅広い領域から出題されます。暗記や知識の詰め込みが行われるのも、能力より努力を重視する姿勢の表れといえます。このように足並みをそろえようとする教育では、合格点を取ることが基本とな

り、それができない生徒が指導の対象となります。先生が全員を同じように「教え育てる」というのが、日本の教育のスタイルです。

それに対し海外の教育は、生徒一人ひとりにより特化する形で行われるのが通常です。英語のエデュケーションには、外へ導くという意味があり、その言葉どおり個々の可能性を引きだし、個性を伸ばすことに力が注がれます。誰もが違って当たり前という価値観のもとで、苦手なことやできないことがあってもそれを問題にはせず、できることをほめて伸ばすような教育が推奨されています。いわばそれぞれの生徒に合わせた教育プロセスが用意されているのです。

また、海外では暗記力を試す問題より、考えて答えを導くような問題が積極的に出題されます。有名な例としては、足し算の問題の出し方があります。日本なら「2＋3の答えは何か」という出題が一般的ですが、海外では「○＋○＝5という式が成立するとき、○に入る数字は何か」といった形になります。これはいわば、答えよりも計算のプロセスに着目した出題の仕方であり、このような発想を積み上げることで自然にプロセス思考の基礎が身についていきます。

学校から課される宿題も、自分で調べて考えねばならないものが多く、前述の足し算のように正解が一つではないこともざらにあります。知識力や暗記力をつけるより、生徒が生涯にわたって自主的に学んでいけるような探求心を育むことが優先されています。これはすなわち、大学合格や有名企業への入社を最終目標とした教育ではなく、学び続けることで人生を常により良く変えるというより本質的な目標を目指して行われているものであり、それ自体が正しいプロセス思考の在り方といえます。

また、海外では実際にプロセス思考を教育に取り入れている小学校や中学校も珍しくありません。それは、これから大学で難しいことを学ぶなかで、まとめ方や考え方で悩む前の「基本のき」ということだと思います。それでもまだまだ大学教育が足りておらず、各国でさらにプロセス思考を学んでいくべきだと唱えられています（AlbaTIAN “Where to learn BPM in the University?”）。私の感覚だと、その教育に最も力を入れている国がドイツであり、小学校からプロセスをフローチャートとして描くようなカリキュラムが存在します。

このように海外では、義務教育の段階からプロセス思考の基盤を作るような学びが行われているのに対し、日本ではそれがなされていないというのが、日本でプロセス思考が広まらない要因の一つではないかと思います。

その結果は、極めて厳しい数字として表れています。英教育専門誌タイムズ・ハイヤー・エデュケーション（ＴＨＥ）が公表した、「世界大学ランキング２０２３年版」では、トップ２００に入った日本の大学が東京大学（39位）、京都大学（68位）の２校のみとなり、しかも両大学とも前年より順位を落としています。このランキングは、世界１０４の国や地域に点在する１７９９大学を対象に、授業や引用論文数、国際性などといった観点から評価して作成されたものですが、１位のオックスフォード大学、２位のハーバード大学など、米英の大学がトップ10を独占しました。日本以外のアジア勢としては、清華大学の16位を筆頭に中国から11校がトップ２００入り、お隣の韓国からはソウル大学など６校が選出されています。

こうした状況を変えるには、世界標準であるプロセス思考を教育に組み込み、ハンデなしで戦えるようにするしかないと個人的には感じています。実際、日本では義務教育でプロセス思考を教えないため、まとめ方や考え方で悩んでしまう人があとを絶ちません。それは日本が世界と比べて遅れをとることと同義であるため、大きな損失につながります。私も日本でプロセス思考を教えていますが、私が講義で関わった大学数ですら3校程度です。プロセス思考は目標をもって行動する年齢になれば誰でも理解できる内容であり、学ぶべきことであると私は考えます。

プロセス思考が、日本の未来を変える

近年は、日本が貧しい国になったという話をよく耳にするようになりました。その背景には、他国に比べ低迷する経済成長率があります。1995年から2015までの20年間の名目GDPの成長率を見ると、中国は1500%という驚異的な数字であり、アメリカも150%近く、イギリスも100%を超える成長率となっています。では日本はどうかというと、マイナス20%と圧倒的な最下位で、しかもマイナスがついたのは日本のみです。

経済的に成長している国では、賃金と物価の両方が上がっていきます。例えば2023年1月現在、物価高が続いているアメリカのニューヨークでは、円安の影響もあるにせよ、ラーメンが1杯3000円ともいわれ、ランチを食べるのに5000円かかるといい

ます。日本がこの物価になれば、生活が成り立たない人が続出しますが、アメリカでそれが起きないのは、給料水準もまた上がっているからにほかなりません。

スペインの経済紙「エクスパンシオン」が集計した、2001年から21年までの年間平均給料の推移を円換算すると、アメリカでは約513万円から約761万円と、250万円ほども年収が上がっています。ニューヨークでは年収1000万円を超える人はまったく珍しくありません。同様に、ヨーロッパのフランスやドイツ、スペインでも年間平均給料は伸び続けてきました。

一方の日本ではこの期間に何が起きたかというと、国税庁の「民間給与実態統計調査」によれば、日本人の年間平均給与（実質）は、2000年の461万円から、2021年には433万円となり、増えるどころか減ってしまっています。こうして20年間で給料が減った国というのは、世界中にありません。

こうした現実から、日本はすでに貧しい国になっているという論調が生まれているわけですが、何をもって貧しいとするかはさておき、このままではいけないというのは間違いのないところだと思います。さらには今後、日本は世界でも類を見ない超高齢社会となっていきます。少子化により労働人口も減り、社会が縮小していく可能性が高いです。

そんな状況にあって、自国の力で再び経済を好転させるための手段は、一つしかありません。一人ひとりの生産性を上げ、生みだす価値を高めるのです。そして、それを成し遂げるための基本的な概念となるのがＢＰＭであり、具体的な手法としてプロセス思考があります。プロセス思考を国民全員が身につければ、大げさではなく国を救えると私は考えています。

特にこれからの国の行く末を担う大学生には、ぜひプロセス思考という武器を手に入れたうえでグローバルな舞台に出ていってほしいと思います。

プロセス思考で、将来を設計する

人生１００年時代という言葉を耳にするようになりました。ハーバード大学医学部のデビッド・シンクレア教授は、あと50年後には平均寿命が１１３歳以上に伸びると主張しています。つまり今、大学生であるなら90年以上の人生が待っているわけです。そんな長い道のりを歩きとおすためには、若いうちからの人生設計が不可欠です。人生設計とは、理想の将来を思い描いて、その生活を実現するためのプロセスを考えることにほかならず、プロセス思考そのものの発想といえます。

理想の将来というと、「夢」について語る人が多くいます。夢をもつのはまったく悪いことではなく確かに理想像なのですが、そのままでは一生叶うことはありません。

例えば「会社を興して社長になり、優雅に一生を送りたい」という夢があったとします。会社を作ること自体は誰でもできるので、社長の肩書きは望めば手に入るでしょうが、それで何十年も優雅に暮らしていくには、事業の成功が不可欠です。成功のためには、あらかじめどのような事業なら世の中に求められるか、自分のどんな能力を活かして事業を設計するかなど、考えるべきことは山のようにあります。事業ドメインが定まっても、それを実践するためには資金や人材が必要になりますし、いざ事業を始めてそれが計画どおりうまくいくとは限りません。

つまり、何となく社長になることと、実際に企業のトップとして成功を収めていくことの間には、深くて大きな溝が存在しているのです。そして夢や思いだけでは、この溝を埋めることはできません。プロセスで少しずつ溝を埋めていき、ようやく成功への道ができてくるのです。

人生設計においても、「いつかマイホームが欲しい」「アーリーリタイアしたい」というのは夢にすぎず、そのままでは叶いません。いつそれを実現し、そのためにはどんなプロセスを踏む必要があり、いくらお金が必要かといった具体的な計画を立てるというのが人生設計です。

また、人生設計さえあれば人生安泰かというと、そううまくはいかないもので、予定外の出来事は必ず起こります。病気やけが、災害などはその典型であり、壁に当たれば軌道修正が必要になります。

このような人生設計とその実践、そして修正という要素は、すべてプロセス思考でカバーできるものです。プロセス思考で人生を考えていけば、自然と設計が整い、実践と修正ができます。

20代で人生設計を行い、理想の将来に向けて歩み始めると、より大きな夢や目標が達成できる可能性があります。その典型例が資産であり、理想の人生を叶えるために必要な金額といつまでに貯めるかを決めたうえで、投資信託などで積み立てていけば、1000万円、２０００万円というお金を作るのもそう難しくはありません。これを40代や50代からやろうとしても、残された時間が限られていますから、相応の収入がないとほぼ不可能です。

こうして目標から逆算し、合理的に資産を積み上げていけるということも、プロセス思考が人生を豊かにする理由の一つです。

一生役立つ人生の公式を身につける

人生設計が大切とはいっても、将来の社会がどうなっていくのか正確な予想は難しく、設計どおりにいくとは限りません。不確実な未来を前に、ただ一つだけ間違いないのは、物事の本質は永久に変化しないということです。

例えば、幸せの在り方は変わっても、一生を幸せに過ごしたいという思いは変わらないものです。どんな時代になっても、社会から求められる人がより多くの糧を得られるということも変わりません。

そして数学の公式が未来永劫変わらないように、ＢＰＭという概念も、プロセス思考もその有用性が失われることはありません。たとえどのような世の中になっても、プロセスに着目し、やるべきことを整理して無理や無駄をなくし、最短最速で目標を叶えるという方法によって人生は豊かになります。

プロセス思考の大きなメリットは、その実践の前段階で本質的な目標を定めるところにあります。人生に目標がないと、自分は今のままでいいのか、この先どう生きれば幸せになれるのかと、将来への不安を抱きがちです。

しかしプロセス思考によって人生の真の目標が定まり、その達成のためのプロセスや手順も明確化すれば、目標達成に向けて今やるべきことが分かります。やることが決まったらあとは実践するのみですから、将来への不安や迷いが消えます。

人間は目標に向かって努力し、時には壁に当たりつつも進んでいくことで成長できます。やりたいこともないままに漠然と生きるより、目標をもって人生を歩むほうが日々は充実します。大きな目標を抱き、それを達成するためのプロセスを段階的にクリアしていくなかで達成感が生まれますし、成功体験を重ねるほど自己肯定感が高まり、前向きに人生にチャレンジできるようになります。

このような体験をするのは、早ければ早いほどいいと思います。社会に出る準備期間である大学時代こそ、プロセス思考を鍛錬する絶好のタイミングです。プロセス＝手順ではないこと、プロセスと目標をセットで考えること、グローバルスタンダードに準拠すること、そのうえで自分なりの創意工夫とアドリブで価値を生みだすこと、この４つのことを意識して生活するだけで、将来社会に出たあとの人生が大きく変わると私は確信しています。

一度身につければ、一生役に立つ「人生の公式」となるものですから、本書をきっかけにぜひトライしてみてください。

おわりに

本書の執筆にあたり、自分が若いときにどんなことで悩んでいたか、よく思いを巡らせました。時代は大きく変わりましたが、若者が抱く将来への不安というのは、本質的にはさほど変わらないと感じます。

私の若かりし頃は、手に職をもったり、専門職的な仕事に就いたりするのを目指すというのが最も一般的な進路でした。

私も専門職を目指し、当時最先端といわれていたコンピューターの情報システム分野へと進もうと考えていました。ＩＴという言葉がまだ存在しない時代ですから、かなりニッチな発想だったと思います。

しかし大学で、画像をより素早く表示するためのコンピューターグラフィックのアルゴリズムについて研究するなかで、「これはハードウェアが進化すれば、不要になる技術ではないか」と疑問を抱くようになりました。その頃主流だった研究のなかには、ハードウェアの進歩により今では用済みとなったものがたくさんあったと思います。私としても、いったいどんな分野を極めていけばよいか悩んでいました。

その後、電電公社から名が変わったばかりのタイミングであったNTTに入社しました。

新入社員に対しては、電話の受付業務から取り付け工事、局内工事、故障受付まであらゆる業務を経験するという研修が1年半にわたって行われていたのですが、「こんな仕事をするためにNTTに入ったんじゃない」ということで、同期入社の退職者が多くいました。しかし私にとって、NTTという巨大組織にあって各部門の業務プロセスがどんなふうにつながっているのかを俯瞰的に学べたことが、人生の財産となりました。そして今思えば、この経験こそ、のちにBPMやプロセス思考へと至る道の入り口となるものでした。

研修後は電話交換機のソフトウェア開発の部門に配属されました。「ソフトウェアは世界を制する」などと言われはじめていた時期ですが、電話交換機のソフトウェアを極めたところで将来その技術で活躍できるとはとても思えませんでした。

そこで一般企業のシステムを開発する部門への異動願を出し、受発注や製造管理、財務まで企業活動を幅広く支える基幹システムの開発という仕事に就きました。これならどんな企業にも必要なものだから、将来的にも潰しがきくだろうという目算がありました。幅広い業務を扱う基幹システムを設計する際に活きたのが、新人研修で学んだ業務プロセスごとのつながりです。それがあったおかげで、その企業の仕事のつながりをすぐに理解し、システムで調節することができたのです。

結局、ＮＴＴには15年間勤めましたが、その間にシステムの世界は大きく進歩しました。ドイツを筆頭に海外ではとてつもない性能をもつ基幹システムが作られるようになり、しかもどんどん機能がアップしていき、日本は後れを取っていました。

そのような状況のなか、私は「国内市場に向けてソフトウェアを作っていても、この先手詰まりになり、海外製品に取って代わられるのではないか」という危機感をもち、再び将来に不安を抱くようになりました。

そこで出合ったのがＢＰＭです。業務フローを描いて仕事を可視化するだけではなく、リアルタイムで測定し、会社の目標が達成できているかを常に把握するというＢＰＭの概念を前に、私の心は震えました。世界ははるかに進んでいる、これを覚えて日本での第一人者になれば、きっと将来は安泰だ――。私はそう考え、転職、そして独立へと進んでいくことになります。

こうして過去を振り返ると、大学でシステムに興味関心をもったこと、NTTの新人時代にあらゆる業務を経験したこと、一般企業の基幹システム開発を手掛けたこと、そしてBPMと出合ったことというくつもの〝点〟がつながって〝線〟となり、今の私という存在に紐づいていると分かります。

若き日の私は、これらの点を最初から計画的につなげていったわけではないのですが、常に将来を見つめ、そこから逆算して現在の自分の在り方を考えていたことで、結果として線にすることができたと感じます。思えばこの発想は、プロセス思考そのものでした。

プロセス思考とは、まさに人生の点を線としてつなげていく試みです。そのために最も大切なのが、将来を見つめたうえでの目標設定といえます。本書を通じて私が伝えたい「最短・最速で目標を叶える方法」とは、一流企業に入る、結婚をする、SNSで有名になるといった、目先の点を実現するためのものではありません。点の先にある長い人生を線としてつなげ、成長を続けていくための方法です。

現在の私が手掛ける企業のコンサルティングにおいても、目先の事象（点）にばかり目を奪われ、全体のなかでの因果関係（線）を見極められなければ、抜本的にその問題を解決することはできません。点で物事を解決しても、新たなところに別の問題が出てきます。その繰り返しでは、前に進めないというのは、人生も同じです。

プロセス思考により、世の中の事象をつなげてその因果関係を見極める訓練を重ねると、一見複雑な構造をした物事に対しても、筋を通して考えられるようになり、人生の不安や迷いが減ります。

そしてまた、目標を次々に叶えていけば、それだけ夢の実現に近づけます。夢を夢のまま終わらせず、迷いなく人生を歩んでいくための羅針盤――それがプロセス思考なのです。

最後に、本書を執筆するにあたりプロセス思考を修士課程の講義の一部に取り入れ、熱心な議論をさせていただいた慶應義塾大学大学院 システムデザイン・マネジメント研究科教授 工学博士 西村秀和様に心より感謝申し上げます、また、株式会社NTTデータイントラマート 中山義人様、内田直知様、長南 学様、吉見杏子様、陳 為為様には、社員やお客様への教育にプロセス思考を取り入れていただき、貴重な情報や経験などをご提供賜りました。併せてお礼申し上げます。

2023年1月　大川原文明

大川原文明（おおかわら ふみあき）

1962年生まれ。1988年に日本電信電話株式会社へ入社、その後のグループ再編でエヌ・ティ・ティ・コミュニケーションズ株式会社に異動。交換機ソフト、高度電話サービス（テレゴング）開発に従事。その後ERP導入ビジネスの立ち上げ〜SAPシステム導入のプロジェクトマネージャーを担い、製造業分野を中心に導入実績を築く。2002年に同社を退社後、IDSシェアー・ジャパン株式会社に入社。ディレクターとしてBPM、プロセス指向型のシステム導入サービス活動を展開し、「BPM-QuickWin手法」を確立。2014年にはBPM-navigator代表として独立し、BPMプロセスアナリストとして活動を継続。並行して、2015年から2021年まで一般社団法人日本OMGに所属、株式会社NTTデータイントラマートのコンサルティングパートナー、慶應義塾大学大学院非常勤講師も務めている。これまでに100社以上の企業の業務改革に携わるとともに、実績と経験に基づく実践的最新手法をセミナーや関連雑誌等で紹介している。

本書についての
ご意見・ご感想はコチラ

目標を最短・最速で達成するプロセス思考

二〇二三年一月二六日　第一刷発行

著　者　大川原文明
発行人　久保田貴幸
発行元　株式会社 幻冬舎メディアコンサルティング
〒一五一-〇〇五一　東京都渋谷区千駄ヶ谷四-九-七
電話　〇三-五四一一-六四四〇（編集）
発売元　株式会社 幻冬舎
〒一五一-〇〇五一　東京都渋谷区千駄ヶ谷四-九-七
電話　〇三-五四一一-六二二二（営業）
印刷・製本　中央精版印刷株式会社
装　丁　田口美希
装　画　ＹＡＧＩ

検印廃止

Printed in Japan　ISBN 978-4-344-94148-9　C0095
幻冬舎メディアコンサルティングＨＰ　https://www.gentosha-mc.com/

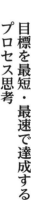